AF871545

Willigis Jäger, 1925–2020, war Benediktinermönch, Kontemplationslehrer und Zen-Meister und gründete die Zenlinie »Leere Wolke« und die Stiftung »Wolke des Nichtwissens – Kontemplationslinie Willigis Jäger«. Er hielt Kurse und Vorträge in ganz Europa und war Autor zahlreicher erfolgreicher Publikationen und Mitbegründer des Benediktushof-Zentrums für spirituelle Wege in Holzkirchen bei Würzburg.

Außerdem von Willgis Jäger lieferbar:
Weisheitsspuren. Die schönsten Impulse

www.penguin-verlag.de

Willigis Jäger

Über die Liebe

PENGUIN VERLAG

Der Verlag behält sich die Verwertung des urheberrechtlich geschützten Inhalts dieses Werkes für Zwecke des Text- und Data-Minings nach § 44 b UrhG ausdrücklich vor.
Jegliche unbefugte Nutzung ist hiermit ausgeschlossen.

FSC www.fsc.org
MIX
Papier | Fördert gute Waldnutzung
FSC® C014496

Penguin Random House Verlagsgruppe FSC® N001967

4. Auflage
Copyright © dieser Ausgabe 2017 by Penguin Verlag, München
Copyright © der Originalausgabe 2009 by Kösel-Verlag,
in der Penguin Random House Verlagsgruppe GmbH,
Neumarkter Straße 28, 81673 München
Umschlaggestaltung: any.way, Walter Hellmann
unter Verwendung eines Motivs von getty images/joSon
Satz: Uhl + Massopust, Aalen
Druck und Bindung: GGP Media GmbH, Pößneck
Printed in Germany
ISBN 978-3-328-10080-5
www.penguin-verlag.de

Inhalt

Vorwort

Über die Liebe ist viel geschrieben worden und wird immer noch viel geschrieben.

Dieses Buch versteht sich nicht als eine weitere Abhandlung über die personale Liebe und auch nicht als Ratgeberbuch, wie Liebe zu üben sei. Es versucht vielmehr eine Ebene der Verbundenheit erfahrbar zu machen, die ein »Ich liebe dich« und »Du liebst mich« bei Weitem übersteigt.

Es ist die Ebene der Einheit mit allem und jedem. Sie überschreitet die anthropozentrische Sicht der Welt und unsere Ich-Zentrierung.

Sie rückt die hintergründige Wirklichkeit in den Blickpunkt und macht die Anbindung an den Urgrund unseres Seins erfahrbar. Hier wird das Ich nicht mehr als getrennt von anderen erlebt, sondern gleicht einer Welle des Ozeans.

Auf dieser Ebene kann niemand aus der Liebe herausfallen. Es ist dies die Ebene der mystischen Verbundenheit, die Erfahrung der Einheit allen Seins.

Mein Leben verstehe ich als eine Liebesgeschichte zwischen Mensch und Gott. Darum rufe ich mit dem Sufi-Mystiker Ibn Arabi aus: »Ich folge der Religion der Liebe, wohin auch immer ihre Karawane zieht, denn Liebe ist mir Religion und Glaube.«

Willigis Jäger

Wenn ich in den Sprachen
der Menschen und Engel redete,
hätte aber die Liebe nicht,
wäre ich dröhnendes Erz
oder eine lärmende Pauke.
Und wenn ich prophetisch reden könnte
und alle Geheimnisse wüsste
und alle Erkenntnis hätte;
wenn ich alle Glaubenskraft besäße
und Berge damit versetzen könnte,
hätte aber die Liebe nicht,
wäre ich nichts.
Und wenn ich meine ganze Habe verschenkte
und wenn ich meinen Leib dem Feuer übergäbe,
hätte aber die Liebe nicht,
nützte es mir nichts.
Die Liebe ist langmütig, die Liebe ist gütig.
Sie ereifert sich nicht, sie prahlt nicht,
sie bläht sich nicht auf.
Sie handelt nicht ungehörig,
sucht nicht ihren Vorteil,
lässt sich nicht zum Zorn reizen,
trägt das Böse nicht nach.
Sie freut sich nicht über das Unrecht,
sondern freut sich an der Wahrheit.
Sie erträgt alles, glaubt alles,
hofft alles, hält allem stand.

1 Kor 13

Agape – die Liebe zum Mitmenschen

»Ein Mönch war an Ruhr erkrankt«, heißt es an einer Stelle im Pali-Kanon, »und lag stinkend in seinem eigenen Urin und Kot.« Als der Buddha an seiner Unterkunft vorbeikam, fragte er ihn, warum sich niemand um ihn kümmere. »Die anderen Mönche kümmern sich nicht um mich«, antwortete der Mönch, »weil ich auch nichts für sie tue.« Der Buddha und sein Begleiter Ananda wuschen den Mönch, hoben ihn hoch und legten ihn auf ein Bett. Der Buddha stellte die Gemeinschaft zur Rede, warum sie sich nicht um den kranken Mönch gekümmert hätten, und sagte dann zu ihnen: »Mönche, ihr habt weder eine Mutter noch einen Vater, die euch pflegen könnten. Wenn ihr euch nicht umeinander sorgt, wer wird sich dann um euch kümmern? Wer auch immer mich pflegen würde, sollte auch andere, die krank sind, pflegen.«

Beziehung, Zuwendung und nicht zuletzt auch Berührung sind ein so wichtiger Teil unseres Lebens. Es ist ein großes Geschenk, von einem anderen Menschen gesehen, gehört, verstanden und berührt zu werden. Und das Größte, das ich einem anderen geben kann, ist, ihn zu sehen, zu hören, zu verstehen und zu berühren.

Die Mönche, zu denen der Buddha hier sprach, waren aus einem falschen Verständnis heraus nur an ihrer eigenen Befreiung interessiert, suchten nur für sich einen Weg zum Erwachen und kümmerten sich nicht umeinander. Indem sich aber der Buddha mit dem kranken Mönch identifizierte, signalisierte er, dass zwischen dem Erwachen und dem Leid ein Zusammenhang besteht. Ohne Geburt, Krankheit, Altern und Tod gäbe es weder ein Erwachen noch einen Erwachten. Der Buddha kann sich mit dem kranken Mönch identifizieren, weil er sieht, dass sein eigenes Erwachen und das des Mönches nichts Verschiedenes sind.

Auch Jesus setzt sein Leben mit dem eines jeden anderen Menschen gleich.

»Denn ich war hungrig, und ihr habt mir zu essen gegeben; ich war durstig, und ihr habt mir zu trinken gegeben; ich war fremd und obdachlos, und ihr habt mich aufgenommen; ich war nackt, und ihr habt mir Kleidung gegeben; ich war krank, und ihr habt mich besucht; ich war im Gefängnis, und ihr seid zu mir gekommen.«

Meister Eckhart sagte daher zu Recht: »Wer Gott mehr liebt als seinen Nächsten, der liebt ihn noch nicht auf vollkommene Weise.« Es geht um die Einheitserfahrung mit allem und jedem, aus der die wahre Liebe aufsteigt.

In dieser Einheitserfahrung liegt die Weisheit aller spirituellen Wege begründet, eine Weisheit, die besagt, dass es keine Trennung zwischen einem Ich und einem Du, zwischen diesem Urgrund Gott und den Menschen gibt. In dieser Erfahrung der Einheit aller Wesen und allen Lebens liegt das Ziel des spirituellen Weges. Aus dieser Erfahrung erwächst Liebe. Und wer liebt, empfängt. Denn Liebe ist wie der Ruf in eine Echowand – es schallt zurück, wenn ich hineinrufe.

Diese Liebe verändert die Menschen. Ich kann dann gar nicht anders, als auf meinen Mitmenschen zuzugehen, dessen Leid ich als mein Leid erfahre und dessen Freude auch meine Freude ist. Hier gibt es keine Bevorzugung mehr, was nicht heißt, dass auf der persönlichen Ebene die Mutter ihre Kinder nicht mehr in besonderer Weise liebt und ein Partner und die Partnerin nicht in besonderer Beziehung zueinander stehen. Diese Erfahrung des Urgrunds verändert die Menschen von innen heraus, und das ist die Zielsetzung für eine Veränderung der Menschheit.

Meister Eckhart drückt dies in den folgenden Worten aus: »Wollt ihr's recht bedenken, so ist Liebe mehr Belohnung als ein Gebot ... Wer Gott liebt, wie er ihn lieben soll und auch lieben muss, ob er wolle oder nicht, und wie ihn alle Kreaturen lieben, der muss seinen Mitmenschen lieben wie sich selbst.«

Wer liebt, steht in Ehrfurcht vor dem Leben. Die Verehrung gilt allen Lebewesen und Dingen. Alles ist heilig. Heilig kann man nicht werden, und man kann auch nichts heiligen. Heilig ist alles von Grund auf. Nichts ist heilig, sagt Bodhidharma, der in China die Zen-Tradition begründete, und meint damit genau das Gleiche. Denn alles, was existiert, ist eine Offenbarung des göttlichen Urgrundes.

Auf dem spirituellen Weg erfahren wir die Einheit mit allem Lebendigen. Wir erfahren den und das andere als eins mit unserem eigenen Leben. Alles wird zum Teil unseres eigenen Lebens, auch das, was wir als mangelhaft, schlecht oder böse bezeichnen. Wir erkennen, dass eine Unterteilung in heilig und unheilig letztlich unsinnig ist. Unser Intellekt begreift dies nicht, denn er möchte unterscheiden. Doch wahre Liebe erwächst nicht aus der Moral, nicht aus Geboten von »Du sollst« und »Du musst«. Wirkliche Liebe akzeptiert den anderen Menschen, so wie er ist, und erfährt ihn als vollkommen, so wie er ist.

Viele Worte aus dem Neuen Testament weisen in diese Richtung: »Was ihr dem geringsten meiner Brüder getan habt, das habt ihr mir getan.« – »Liebe deinen Nächsten wie dich selbst!« – »Liebet eure Feinde, tut Gutes denen, die euch hassen. Segnet die, die euch verfluchen; betet für die, die euch misshandeln. Dem, der dich auf die eine Wange schlägt, halte auch die andere hin, und dem, der dir den Mantel wegnimmt, lass auch das Hemd« (Lukas 6,27ff.).

Das sei doch falscher Idealismus, sagt hier schnell der gesunde Menschenverstand. Sehe man sich die Weltsituation an, die vielen Kriege, den Terror, dann könne man doch erkennen, dass das nicht praktikabel ist. Auf einer solchen Ethik, so die allgemeine Auffassung, sei doch keine Sozialordnung zu gründen. Die Bösen würden das ausnutzen und die Oberhand gewinnen. So etwas werde nicht funktionieren.

Die Liebe, von der hier die Rede ist, kommt jedoch nicht aus der Moral, sondern basiert auf der Erfahrung des Nicht-Getrenntseins. Solange die Nächstenliebe nur ein Gebot bleibt, wird es keinen Frieden und keine Harmonie auf unserem Planeten geben. Wenn wir jedoch das eine Leben in uns selbst und in allen Erscheinungsformen erfahren, dann begegnen wir allem, was lebt, in Ehrfurcht und Respekt. Der Mystiker Thomas Merton beschrieb diese Erfahrung folgendermaßen: »Plötzlich war mir, als sähe ich die geheime Schönheit der Herzen, die Tiefe, wo weder Sünde noch Gier hinreichen, das Geschöpf, wie es in Gottes Augen ist. Wenn sie (die Geschöpfe) sich nur selbst sehen könnten, wie sie selbst sind! Wenn wir einander in dieser Weise sehen könnten, dann wäre kein Grund für Krieg, Hass, Grausamkeit ... Ich glaube, das große Problem würde dann sein, dass wir niederfallen würden, um einander zu verehren.«

Wenn wir wirklich lieben, dann erkennen wir im anderen uns selbst und erfahren das angeblich Böse des anderen auch als das eigene Böse. Nur diese Art der Liebe kann die andere Wange zum Schlag hinhalten, nur sie kann auch noch das Hemd weggeben, wenn der Mantel verlangt wird. Erwüchse diese Haltung nur aus Wohlverhalten, bliebe sie oberflächlich und ohne Anbindung an unser wahres Wesen. Wenn wir wahrhaft lieben, dann können wir gar nicht anders, denn wir erfahren die Einheit allen Lebens und würden uns selbst verletzen, wenn wir anderen etwas antäten. Diese Liebe befähigt uns, auch unsere Gegner zu umarmen, auch jenen mit Wohlwollen zu begegnen, die hassen. Wir erkennen dann im Konträren und Oppositionellen die Dynamik des Lebens, das sich offensichtlich nicht linear entfaltet, sondern sich vielmehr aus oft chaotisch erscheinenden Situationen ständig neu kreiert. Wir hören auf, perfekte Eltern haben zu wollen, perfekte weise Lehrer oder Lehrerinnen, einen perfekten Partner, eine perfekte Partnerin, eine perfekte Familie, eine perfekte Gemeinschaft, einen perfekten Staat und eine perfekte Kirche. Wir wissen dann, dass alles gleichzeitig auch das Gegenteil beinhaltet.

Diese Liebe ist deswegen nicht unkritisch. Sie kann durchaus nein sagen und ihre eigene Überzeugung kundtun und verteidigen. Viele Mystikerinnen und Mystiker blieben ihren Überzeugungen treu, selbst wenn sie dies in Konflikt mit der Kirche oder gar auf den Scheiterhaufen brachte.

Die Veränderung der Welt beginnt immer bei uns selbst. Einzig durch unser Wohlwollen und unsere Liebe können wir die Welt nachhaltig verändern.

Das mag die folgende Geschichte vom Regenmacher verdeutlichen: In einem Dorf hatte es lange Zeit nicht geregnet. Alle Gebete und Beschwörungen halfen nichts, und so schickten die Dorfbewohner in ihrer Not nach dem großen Regenmacher. Bei seiner Ankunft sagte dieser: »Gebt mir Brot und Wasser für einige Tage und eine Hütte in eurem Dorf, in die ich mich zurückziehen kann.« Nach drei Tagen begann es zu regnen. Voll Freude kamen die Menschen des Dorfes zum Regenmacher und fragten ihn, wie er dies bewirkt hätte. Der Regenmacher antwortete ihnen: »Als ich in euer Dorf kam, spürte ich die Unordnung, die durch eure Lieblosigkeit und Feindschaft entstanden war. Also ging ich in meine Hütte und brachte mich selbst in Ordnung. Und als ich in Ordnung war, kamt ihr in Ordnung. Als ihr in Ordnung wart, kam die Natur in Ordnung. Und als die Natur in Ordnung kam, regnete es.«

Wir sind für das verantwortlich, was wir in die Welt ausstrahlen, seien es Liebe, Wohlwollen, Abneigung, Hass, Wut oder Mitgefühl. Liebe beginnt nicht beim Wort und bei der Umarmung, sie beginnt in unseren Gedanken und Gefühlen. Und so ist es auch mit Abneigung, Hass oder Wut.

Viele Menschen haben Schwierigkeiten damit, sich selbst anzunehmen und sich selbst zu lieben. Es kann daher wichtig sein, sich eine therapeutische Begleitung auf dem Weg zu suchen. Psychotherapie kann eine heilende Funktion für die Konditionierungen, Schattenseiten und Kränkungen unseres Ichs haben. Bei manchen tiefen Verletzungen wird erst durch die klärende und befreiende Wirkung psychotherapeutischer Methoden die Möglichkeit für ein ruhiges Sitzen in Zen oder Kontemplation eröffnet. Die spirituelle Übung trägt zur Heilung von Verletzungen bei, doch oft bedarf es zusätzlich einer Klärung der Psyche und dessen, was verdrängt und abgespalten wurde. Oft erfahren die Menschen gerade in der Stille der Meditation, wie verstrickt sie in alten Mustern und Konditionierungen sind und wie sehr sie von leidvollen Erfahrungen aus ihrer Vergangenheit dominiert werden. Wir alle verdrängen im Laufe unseres Lebens Anteile unserer Psyche. Eine Psychotherapie kann eine wertvolle Hilfe dabei sein, diese abgespaltenen Schattenseiten zu integrieren, Projektionen zu durchschauen und Verletzungen zu heilen. Wir bieten daher an unserem spirituellen Zentrum ganz bewusst Kurse für die Persönlichkeitsentwicklung an, Kurse in systemischer Therapie, in holotropem Atmen, Naikan und Ähnlichem. Es geht dabei um eine Klärung des Geistes und des Herzens, um auf dem spirituellen Weg in die absolute Klarheit gelangen zu können.

Schon Teresa von Avila schrieb daher in ihrem Buch *Die innere Burg*: »Man darf das nicht so verstehen, als blieben die Fähigkeiten, die Sinne und Leidenschaften ständig in diesem Frieden ... In anderen Wohnungen gibt es immer noch Zeiten des Streits, der Leiden und Mühsale.«

Spirituelle Begleitung bedeutet, die Menschen dahin zu bringen, hinter die Ich-Struktur zu schauen. Es geht dabei weniger um eine Veränderung, die man *machen* kann, als vielmehr um eine Veränderung, die sich im Innen vollzieht, wenn man sich auf einen spirituellen Weg einlässt. Es ist ein Wandlungsprozess, der sich von innen nach außen vollzieht. Die Ich-Struktur erfährt eine Klärung, und der Mensch erhält eine Ahnung davon, dass das Eigentliche hinter der vordergründigen Struktur liegt. Eine verstehende und liebende Begleitung auf dem Weg leistet hierfür einen entscheidenden Beitrag. Denn es ist für die Menschen eine existenzielle Erfahrung, in ihrem Sosein akzeptiert und geliebt zu werden. In allen Menschen gibt es die Grundtendenz, die Verbundenheit möchte und sucht. Wir alle tragen die Grundtendenz der Liebe und Einheit in uns. Lieben können wir seit unserer Geburt, die Fähigkeit dazu bringen wir Menschen mit auf diese Welt. Die Erfahrung der existenziellen Verbundenheit hat das Kind in der Geborgenheit des Mutterleibes gemacht. Was der Mutter gehört, gehört hier auch dem Kind. Nach der Geburt verliert der Mensch diese Geborgenheit, sie wird durch Erziehung überformt und auf dem weiteren Lebensweg verdunkelt und vergessen. Trotzdem bleibt diese Sehnsucht nach Einheit in der Tiefe unseres Seins bestehen. Auf dem spirituellen Weg kann der Mensch wieder Zugang zu dieser ursprünglichen Essenz finden. Die Erfahrung der Einheit und Verbundenheit wird nun auf einer neuen Ebene lebendig. Diese kommt dann aus dem Erleben einer transrationalen Einheit, in der das Personale zurücktritt. Mithilfe einer liebevollen spirituellen Begleitung findet der Mensch wieder Zugang zu einem absoluten Angenommensein, das letztlich jenseits aller menschlichen Zuwendung liegt. Diese Erfahrung strahlt auf unser alltägliches Leben aus. Unsere Einstellung zum Leben wandelt sich, und das Dasein für andere wird zum Lebensinhalt.

Was die Welt wirklich von Innen heraus verwandelt, ist diese universale Liebe. Sie ist es, die letztlich unsere Welt verändern kann. Es gibt ein energetisches Feld »Mensch«, an dem wir alle teilhaben. In dieses Feld speisen wir unser Mitgefühl und Wohlwollen ein. Durch unseren Lebenswandel können wir anderen helfen oder sie behindern. Und das nicht nur auf der materiell-psychischen Ebene, sondern auch auf der transpersonalen Ebene. Oftmals handeln wir leider immer noch so, als befänden wir uns auf der Ebene der Steinzeitmenschen. Wir versuchen, Probleme mit Gewalt zu lösen, statt sie durch Liebe aufzulösen. Dabei ist die Energie der Liebe immer schon da. Und wir können sie jederzeit uneingeschränkt nutzen.

Liebe und Frieden in die Welt senden

Wir wissen heute, dass im transpersonalen Bereich ein wirksames Energiefeld existiert. Die mystischen Traditionen arbeiten seit Jahrtausenden damit, und die modernen Wissenschaften bestätigen dessen Existenz. Das Tönen und Singen heiliger Laute ist Bestandteil aller mystischen Traditionen. Im Herzensgebet wird der Name Jesu unablässig wiederholt, im Sufismus das Allah-Hu mit jedem Atemzug rezitiert; Hinduismus und Buddhismus kennen die heilige Silbe OM, der tibetische Buddhismus das Mantra *om mani padne hum* als Ausdruck tiefen Mitgefühls.

Die Kraft heiliger Laute kann uns und anderen in schweren Stunden und Situationen beistehen. Wenn es uns nicht möglich erscheint, physisch in einen Zustand oder in eine Situation einzugreifen, weil das Geschehen fernab unseres Einzugsbereiches stattfindet, können wir unser Mitgefühl und unsere Liebe bewusst an diese Orte senden. Denn in diesem Universum ist alles über Zeit und Raum hinweg miteinander verbunden.

In unseren Agape-Feiern tönen wir häufig gemeinsam den christlich-jüdischen Friedensgruß *Shalom* und den muslimischen Friedensgruß *Salam* und senden dabei unsere Liebe und unser Mitgefühl in die Kriegs- und Krisengebiete des Mittleren Ostens. Dabei öffnen wir die Hände auf unseren Knien in einer Geste des Gebens und des Nehmens.
Wir können diese Friedensworte ebenso in unsere stille Meditation hineinnehmen. Dabei verbinden wir diese Laute mit unserem Atem, rezitieren still beim Einatmen Sha- und beim Ausatmen -lom, beim nächsten Einatmen Sa- und bei Ausatmen -lam und wiederholen dies bis zum Ende der Meditation.
Wer längere Zeit mit diesen Friedenslauten meditiert, spürt, wie sich der Frieden im eigenen Herzen ausbreitet. Von hier aus können wir den Frieden und unsere Liebe zu den Menschen und zu den Orten in der Welt senden, die des Friedens bedürfen.

Ich bin der,
den ich liebe,
und der,
den ich liebe,
ist ich.

Al-Halladsch

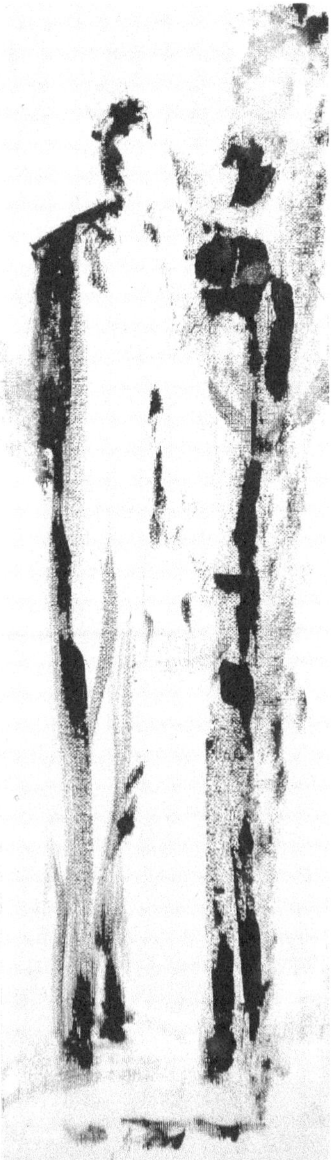

Die Liebe überwindet jede Dualität

Die Grundstruktur des Universums ist Einheit, Verbundenheit und Liebe. Wenn wir uns gegen die Liebe verfehlen, verfehlen wir uns nicht nur gegen ein Gebot, wir verfehlen uns gegen die Grundstruktur des Universums, die Liebe ist. Das ist die eigentliche Botschaft aller Religionen. Meister Eckhart sagt: »In der Liebe aber, in der Gott sich selbst liebt, darin liebt er auch alle Kreaturen – nicht als Kreaturen, sondern die Kreaturen als Gott. In der Liebe, in der Gott sich selbst liebt, darin liebt er alle Dinge« (Pred 26). An anderer Stelle heißt es bei ihm: »Es klingt verwunderlich, dass der Mensch in solcher Weise Gott zu werden vermag in der Liebe; jedoch ist es wahr in der ewigen Wahrheit. Unser Herr Jesus Christus beweist es« (Pred 5). Der Sufi-Mystiker Rumi sagt: »Der Selbstlose [wer sich selbst vergessen hat] ist ein Spiegel geworden: Nichts ist mehr da als das Spiegelbild des Gesichtes eines anderen. Wenn du darauf spuckst, so spuckst du in dein

Gesicht; und wenn du den Spiegel schlägst, schlägst du dich selbst; und wenn du ein hässliches Gesicht im Spiegel siehst, bist es du; und wenn du Jesus und Maria siehst, bist es du.«

In der Koansammlung *Mumonkan* fragt Zen-Meister Tozan im Koan 45: »Sogar Shakyamuni und Maitreya dienen jenem Einen. Sagt mir: Wer ist jener Eine?« Jener Eine ist der Urgrund allen Seins. Wir sind eine Inkarnation dieses Urgrundes, und unsere Aufgabe ist es, diesen Urgrund als unser Wesen zu erkennen und in dieser ganz konkreten Form, die wir sind, zu leben. In dem Gedicht zu diesem Koan heißt es: »Des anderen Bogen spanne nicht. Des anderen Pferd besteige nicht. Des anderen Fehler betratsche nicht, des anderen Sache interessiere dich nicht.« Wir alle dienen dem Einen. Wir alle spannen immer nur den *einen* Bogen und reiten immer das *eine* Pferd. Da ist nur *ein* Bogen, nur *ein* Pferd, nur *ein* Leben, das uns alle verbindet. Und wenn wir über die Fehler der anderen reden, reden wir über uns.

Wir leben in Zeiten eines ausgeprägten Egozentrismus, der uns Menschen als Gattung in den Abgrund zu stoßen droht. Neueste Studien haben ergeben, dass 2% der Menschen 50% des gesamten Vermögens der Menschheit besitzen. Gleichzeitig leidet eine Milliarde Menschen an Hunger. Nur die Erfahrung der existenziellen Einheit allen Lebens, der wir Menschen den Namen Liebe gegeben haben, kann uns dabei helfen, diesen Egozentrismus zu überwinden, der so zerstörerisch in unser Menschsein vorgedrungen ist.

Denn kaum waren wir der symbiotischen Einheit unserer prähominiden Vorfahren entronnen und konnten »ich« und »du« sagen, hat Kain seinen Bruder Abel umgebracht. Dieser mythologische Brudermord hat sich in der Menschheitsgeschichte in erschreckendem Ausmaße ausgeweitet und bedroht mittlerweile die Existenz der gesamten Menschheit. Mit unserem Egozentrismus verfehlen wir uns unablässig gegen die Grundstruktur des Universums, die Einheit und Liebe ist. Aus der Perspektive der Einheit betrachtet, kämpfen gleichsam die Äste eines Baumes erbittert gegeneinander. Das ist unsinnig, und es ist selbstzerstörerisch. Die Menschheit befindet sich in einem turbulenten Übergangsprozess. Die chaotische Situation, in die wir uns hineinmanövriert haben, könnte jedoch auch eine Chance und damit einen Ausgangspunkt für etwas Neues darstellen. Die Entfaltung unserer Spezies schreitet voran, sie bleibt auf der rational-personalen Ebene nicht stehen. Wenn es uns gelingt, die nächste Stufe der menschlichen Entwicklung zu erreichen, dann schenkt uns diese die Fähigkeit zur Öffnung unserer Ego-Eingrenzung und damit zur Selbsttranszendenz. Selbsttranszendenz ist nichts anderes als Liebe, sie beinhaltet die existenzielle Einheitserfahrung mit dem Kosmos, dem Seinsgrund des Lebens.

Meister Eckhart sagt: »In der Liebe, die ein Mensch schenkt, gibt es keine Zwei, sondern (nur) Eins und Einung, und in der Liebe bin ich mehr Gott, als dass ich in mir selbst bin« (Pred. 6). Der spirituelle Weg macht uns bereit für diese Erfahrung. Er macht uns leer und öffnet uns, empfänglich zu sein für den Urgrund allen Seins. Das moralische Gebot »Du sollst deinen Nächsten lieben« hat uns nicht sehr weit gebracht. Erst wenn wir die Einheit mit allen Wesen erfahren, wird sich bei uns Menschen etwas ändern. Erst wenn die Liebe als Grundstruktur der Evolution erfahren wird, werden wir menschenwürdig zusammenleben können.

Die Liebe öffnet einen Raum, der uns aus dem bestehenden Chaos herausführen kann, in das uns unsere Egozentrik hineingerissen hat. Die Liebe übersteigt unsere Kultur der ichbezogenen Selbstverwirklichung. Aus ihr erwächst die Achtung vor Vielfalt und Verschiedenheit, und dies ist die Basis für jedes Gemeinschaftsleben. In einer tiefen mystischen Erfahrung ist alle Trennung aufgehoben. Sie ändert das Leben von Grund auf.

Eine wirkliche mystische Erfahrung führt in die Einheit, die Non-Dualität. Das individuelle Menschsein wird klar als Illusion erkannt. Dies ist kein Gefühl, sondern eine innere Gewissheit, dass nichts getrennt sein kann, ein tiefes Erfahren der Verbundenheit aller Wesen. Es kommt aus dem, was die Religionen den Urgrund allen Seins nennen.

Bei Meister Eckhart heißt er *Gottheit*, bei Johannes Tauler *Grund*, als *Nada* (Nichts) bezeichnet ihn Johannes vom Kreuz, und im Zen wird dieser Urgrund als *Leerheit* bezeichnet. Dieser Urgrund hat noch keine Form. Er ist wie der Ozean, der noch keine Wellen schlägt, aber alle Wellen verbindet, wenn sie entstehen.

Das eigentliche Ziel des Daseins
besteht nicht darin,
zu lieben

auch nicht darin,
sich lieben zu lassen

es besteht einzig und allein darin,
Liebe zu werden.

Thomas Schied

Die Liebe zum wahren Selbst

Was soll unsere spirituelle Übung eigentlich bewirken? Im Pali-Kanon, der ältesten Schriftensammlung, in der uns die Lehre des Shakyamuni Buddha überliefert ist, bezeichnet das Wort »Bhavana« all jene Übungen, die gemeinhin unter dem Begriff »Meditation« gefasst werden. Bhavana lässt sich am besten übersetzen mit »Entfaltung des wahren Wesens«. Genau darum geht es auf dem spirituellen Weg: um die Entfaltung unseres wahren Wesens. Wir begegnen dabei zunächst vielen Hindernissen, Problemen und verwirrenden Phänomenen. In den alten Schriften werden sie als Dämonen bezeichnet. In der heutigen Zeit sprechen wir in diesem Zusammenhang von Emotionen, von Neurosen oder psychischen Blockaden.

Wenn wir uns zur Meditation auf unser Kissen setzen, es still wird und die Bühne unserer alltäglichen Geschäftigkeiten sich langsam leert, melden sich tatsächlich alle inneren Teufel und übermütigen Engel, um endlich einmal darauf zu tanzen. Wir müssen feststellen, dass wir selbst in der Stille permanente Zwiegespräche führen, unablässig reagieren, bewerten und urteilen, also keineswegs Herr im eigenen Hause sind und keine Kontrolle über unser Ich haben. Es steigen Erinnerungen in uns hoch, alte Verletzungen brechen auf, wir werden von Emotionen überwältigt. Emotionen können zu ernsten Hindernissen in der spirituellen Praxis werden. Wir können uns von ihnen zu unkontrolliertem Handeln gedrängt fühlen, und sie können uns förmlich tyrannisieren. Bei manchen Therapien werden Emotionen bewusst angeheizt und ihr Ausagieren als Teil des Heilungsweges angesehen. Psychotherapeuten wie Roberto Assagioli, der Begründer der Psychosynthese, oder Victor E. Frankl, der Begründer der Logotherapie, betonen hingegen, dass Emotionen verwandelt und transformiert werden können und dass ein Mensch, der wirklich reifen und wachsen will, sich zuallererst darin üben sollte, seine eingefahrenen Reaktionen auf Emotionen zu verändern. Auf dem spirituellen Weg ist diese Transformation unabdingbar; denn wer in seinen Emotionen verwickelt und gefangen bleibt, kann nur schwerlich in den transpersonalen Raum vordringen. Was also ist zu tun? Wie können wir auf dem spirituellen Weg mit starken Emotionen wie Wut, Stolz, Frustration, Ärger, Groll und Eifersucht umgehen? Indem wir uns darin üben, diese Gefühle erst einmal zuzulassen und wahrzunehmen. Wir üben uns darin, zum Zeugen dieser inneren Abläufe zu werden, ohne diese zu bewerten und zu verurteilen. Wir nehmen wahr, was mit uns, um uns und in uns geschieht. Diese Aufmerksamkeit allein ist bereits heilsam, denn wir stellen fest, wie kurzlebig unsere Emotionen sind, dass sie gar nicht in der Form existieren, wie wir meinten, sondern dass sie kommen und gehen. Wir haben so die Möglichkeit, um unsere Emotionen zu wissen, sie zu erfahren, ohne dabei von ihnen dominiert zu werden. Und nicht nur das: Wir lernen, uns so zu akzeptieren, wie wir gerade sind, mit all unseren Emotionen, unseren Ängsten, unseren Schwierigkeiten. Wir gelangen auf diese Weise zu einer ganz neuen Art, mit schwierigen Situationen umzugehen und die darunter liegenden Gefühle klarer wahrzunehmen. Die Emotionen verlieren ihre Kraft, mit der sie uns fesseln, und machen Platz für echte Gefühle. Wer sich genau beobachtet, wird feststellen können, dass es einen Unterschied zwischen Emotionen und Gefühlen gibt. Emotionen sind affektgeladene, tief im Physischen verankerte Reaktionen, die nach Außen, ins Handeln drängen. Gefühle hingegen sind feinere Regungen der Psyche, die diesem starken Drang zum Reagieren und Ausagieren nicht unterworfen sind. Deshalb geht es in unserer Übung darum, die Emotionen zu transformieren, ohne dabei die Gefühle zu verdrängen. Wir üben uns darin, die Gefühle zu bezeugen, zu benennen und anzunehmen. Wenn wir unsere Emotionen und die darunter liegenden Gefühle erkannt haben, können wir darüber entscheiden, ob es notwendig ist, zu handeln, d.h. unseren Gefühlen Ausdruck zu geben oder nicht. Wir erhalten unsere innere Freiheit zurück und sind unseren Emotionen nicht mehr ausgeliefert. Durch die Übung der Achtsamkeit und die Konzentration auf den Atem werden wir durchlässig und lassen unsere Anhaftungen los.

Wie sieht dies im konkreten Fall aus? Wenn Sie wütend sind, dann spüren Sie diese Wut. Doch seien Sie vollkommen wach wütend. Seien Sie sich Ihrer Wut bewusst. Die Wut sollte nicht Ihr waches Bewusstsein ersticken. Nehmen Sie diese Wut in Ihre Übung hinein. Atmen Sie die Wut ein und wieder aus. Sie werden feststellen, wie sie langsam schwächer wird und sich aufzulösen beginnt. Sie verdrängen also Ihre Wut nicht, sondern Sie erfahren diese und bezeugen ihre Kurzlebigkeit. Das Gleiche gilt für Hass oder Gier. Üben Sie sich darin, diese Emotionen anzuschauen, sie wahrzunehmen, ohne sich von ihnen besetzen oder gar überwältigen und ersticken zu lassen. Wenn Sie sich darin üben, werden Sie erkennen, dass Emotionen nur kurzlebige Phänomene sind, die wie Wolken über unsere Psyche ziehen und dabei unser wahres Wesen verdunkeln. Wenn wir nicht mehr in ständige Auseinandersetzungen mit unseren Emotionen verwickelt sind, erwächst uns neue Kraft, die wir für unsere eigentliche Aufgabe einsetzen können: die Suche nach unserem wahren Wesen.

Versöhnung

Wieder ein Morgen
ohne Gespenster
im Tau funkelt der Regenbogen
als Zeichen der Versöhnung

Du darfst dich freuen
über den vollkommenen Bau der Rose
darfst dich im grünen Labyrinth
verlieren und wiederfinden
in klarerer Gestalt

Du darfst ein Mensch sein
arglos

Der Morgentraum erzählt dir
Märchen du darfst
die Dinge neu ordnen
Farben verteilen
und wieder
schön *sagen*

an diesem Morgen
du Schöpfer und Geschöpf

Rose Ausländer

Durch Aussöhnung zur Liebe finden

Die wichtigste Erkenntnis auf dem spirituellen Weg ist die Tatsache, dass es kein permanentes Ich gibt. Wer zu seinem wahren Wesen durchstößt, findet dort kein Ego mehr. Die Weisen aller Religionen waren sich dessen schon immer bewusst. Ego-los zu werden bedeutet jedoch nicht, dass es da kein funktionierendes Ich mehr gibt, es bedeutet vielmehr, dass wir uns nicht mehr länger mit dem Ich identifizieren. Wir beginnen unser Ich als integrierten Teil einer umfassenderen Wirklichkeit zu erkennen. Denn wir begreifen, dass wir weit mehr sind, als unser Ich uns vorgaukelt. Unser wahres Wesen ist etwas viel Hintergründigeres. Unser Bewusstsein hat noch eine weitere Ebene, die wir als »transpersonal« bezeichnen können. Es ist diese Ebene, die unserem Leben Sinn gibt, es formt und entfaltet. Sie steht uns als Quelle von Heilung und innerer Führung immer zur Verfügung. Auf dieser Ebene erfahren wir uns zutiefst mit dem Ganzen und mit allen Wesen verbunden.

Wir erkennen, dass das Getrenntsein unseres Ichs nur eine Illusion ist und ein schrecklicher Irrtum unserer Zeit. Wenn wir zu unserem wahren Wesen durchstoßen, erfahren wir uns selbst als Ausdruck und Vollzug des Göttlichen.

Doch bevor jemand diese Einheitserfahrung machen kann, ist die Auflösung dieses übermächtigen Ich sowie aller Vorstellung davon erforderlich. Der Weg führt manche Menschen erst durch den Horror Vacui – den Horror der Leere. Das Ich erkennt seine Bedeutungslosigkeit. Dies ist Durchgang und gleichzeitig Voraussetzung für die mystische Erfahrung.

Ein spiritueller Weg führt zunächst durch Verletzungen, Leid und Ängste. Es sind vor allem alte Verletzungen, die uns große Schwierigkeiten bereiten, frühkindliche Verletzungen, die bereits geschehen sind, bevor wir sie verstandesmäßig erfassen und verarbeiten konnten. Diese frühen Verletzungen haben ein Muster in uns geschaffen und hinterlassen, das durch Erinnerungsspuren in ähnlichen Situationen immer wieder reaktiviert wird und dadurch immer wieder neuen Schmerz auslösen kann. Wir erhalten das Gefühl, dieselben schmerzhaften oder traumatischen Erfahrungen erneut durchleben zu müssen.

Eine Psychotherapie kann hier durchaus angeraten sein; denn sie bringt Erleichterung in schmerzhaften Situationen, ordnet das Innere, führt zu mehr Klarheit und Einsicht und kann dadurch die Veränderung vorantreiben. Doch auch die spirituelle Übung der Achtsamkeit kann hartnäckige frühkindliche Muster auflösen, wie der Meditationslehrer und Psychotherapeut Jack Kornfield in seinen Büchern dokumentiert.

Achtsamkeit ist der Ausgangspunkt für die Heilung von erlittenen Verletzungen. Es ist wichtig, den Schmerz darüber zuzulassen und zu spüren, sich weder vor ihm abzuschotten, noch sich von ihm überwältigen zu lassen. Es geht um ein bewusstes Wahrnehmen aller mit ihm verbundenen Gefühlsregungen. Wenn wir uns darin üben, den anstürmenden Gefühlen mit Achtsamkeit zu begegnen, sind wir dem Schmerz nicht länger hilflos ausgeliefert und können uns allmählich von ihm befreien. Indem wir lernen, unsere Verletzungen wahrzunehmen und zu akzeptieren, gelangen wir auch zur inneren Aussöhnung mit den Menschen, die diese Verletzungen verursacht haben. Nachdem wir uns ehrlich der Tatsache gestellt haben, dass unsere Eltern und andere wichtige Menschen in unserem Leben durch ihr Handeln Leid verursacht haben, können wir aufhören, ihnen weiterhin mit Vorwürfen zu begegnen, und uns sagen: Sie haben mir diese Vorgaben für mein Leben gegeben, sie haben mich geformt und geprägt, doch ich lasse sie nun zurück und meistere mein eigenes weiteres Leben. Das heißt, dass wir nicht alles, was uns im Leben begegnet, fatalistisch hinnehmen sollten. Es geht vielmehr um ein Ende der Selbstquälerei und um die Ausheilung von Wunden, die uns geschlagen wurden. Wir hören auf, daran zu kratzen. Wir verlassen das Gefängnis der Identifikation mit unserer Vergangenheit und blicken nach vorne. Aussöhnung ist sicherlich nicht leicht. Aussöhnung bedeutet, Ja sagen zu können zu Schmerz, Demütigung, Ungerechtigkeit, zu all dem, was uns angetan wurde, dies alles als Teil unseres Lebens zu akzeptieren und alle Anhaftung daran aufzugeben.

Ich werde immer wieder gefragt, was der Prüfstein ist für Fortschritte auf dem spirituellen Weg. Der wirkliche Prüfstein scheint mir die Fähigkeit zu sein, mit Emotionen umzugehen und sich mit Verletzungen auszusöhnen. Wirklich auf dem spirituellen Weg voranzukommen bedeutet, ein Selbstwertgefühl zu entwickeln, das uns, bei aller Verantwortung füreinander, zugleich unabhängig macht vom Verhalten und der Meinung anderer. Selbstwertgefühl können wir jedoch nicht einfach machen. Es muss wachsen. Und je mehr Zugang wir finden zu unserem wahren Wesen, je mehr wir uns der Liebe öffnen können, desto unabhängiger werden wir von den emotionalen Stürmen des Lebens. Mit jeder tieferen Erfahrung auf dem spirituellen Weg wächst das Wohlwollen mit allen Wesen. Und dieses Wohlwollen bleibt selbst dann bestehen, wenn andere Menschen uns feindlich oder negativ begegnen. Wenn es uns gelingt, in dieser Kommunion mit unserem tiefsten Wesen zu bleiben, werden wir nicht verunsichert und reagieren selbst auf Kritik und Verleumdung mit Ruhe und

Gelassenheit. Und selbst wenn wir zornig werden sollten, ist dies kein besetzender Zorn, sondern der Zorn der Liebe, der entfacht wird, wenn sich etwas gegen das Leben richtet. Auch Jesus war kein Leisetreter. Er legte sich selbst mit den Pharisäern an, wenn es ihm notwendig erschien. Je umfassender wir unser wahres Wesen erfahren haben, umso selbstverständlicher und auch leichter gehen wir durch das Leben. Die spirituellen Wege nennen dies Weisheit, die einhergeht mit einer allumfassenden Liebe.

Ein Ritual der Aussöhnung

Rituale besitzen heilende Kräfte. Sie sind Nahtstellen zwischen dem Bewussten und dem Unbewussten. Wir können mit der Kraft der Rituale von außen her das Innere erreichen und uns dadurch für unser wahres Wesen öffnen. Rituale sind fester Bestandteil aller Religionen. Sie haben auch in der zeitgenössischen Psychotherapie eine wichtige Bedeutung erhalten, da sie Veränderungen in unserer Psyche bewirken. Wir können sie immer dann anwenden, wenn wir Altes abschließen, Neues beginnen und Aussöhnung herbeiführen möchten. Rituale können uns auch dabei helfen, mit unseren Emotionen umzugehen. Sie können uns gegen Angst, Stress und Depression wappnen. Selbst einfache rituelle Handlungen wie das Anzünden einer Kerze am Abend in Stille können so ihre positive und heilende Wirkung entfalten. Nicht die Rituale an sich heilen, sondern es ist die tiefer liegende Urkraft des Lebens, der wir in den Ritualen die Möglichkeit geben, wirksam zu werden.

Das folgende Ritual rate ich Menschen an, die mit erlittenen Verletzungen und Kränkungen abschließen möchten:
Nehmen Sie sich Zeit für sich und ziehen Sie sich an einen stillen Ort zurück. Zünden Sie eine Kerze an und legen Sie sich Papier zum Schreiben bereit. Nun gehen Sie in Ihrer Erinnerung noch einmal in die Situation zurück, in der Sie verletzt wurden oder sich gekränkt fühlten und mit der Sie in diesem Ritual abschließen möchten. Spüren Sie dabei bewusst in den Schmerz hinein, lassen Sie alles in sich aufsteigen, was Ihnen dazu an inneren Bildern und Gefühlen kommt. Schreiben Sie dann alle Wut und Verletzung auf. Nehmen Sie sich dafür so viel Zeit und Platz, wie Sie benötigen. Sie können dies durchaus mit heftigen, anklagenden und zornigen Worten tun. Wenn Sie sich alles von der Seele geschrieben haben, legen Sie Stift und Papier beiseite und bleiben Sie bei Ihrem Atem, bis Sie sich innerlich ruhig fühlen. Nehmen Sie nun das Geschriebene, und zünden Sie es an einem geeigneten Platz an und verbrennen es. Damit besiegeln Sie, das Vergangene nicht verdrängt und doch zu einem gewissen Abschluss gebracht zu haben. Sie bekunden damit Ihre Bereitschaft zur Aussöhnung mit dem, was war.

Hören Sie jetzt auf mit Schuldzuweisungen an andere und sich selbst. Öffnen Sie sich vertrauensvoll dem Leben, das vor Ihnen liegt. Wann immer Sie von Ihren Verletzungen und Kränkungen eingeholt werden, erinnern Sie sich an dieses Ritual. Sie können dieses auch so oft wiederholen, wie es für Sie stimmig ist.
Wir sollten uns darin üben, unser ganz gewöhnliches Leben als ein Ritual zu verstehen, in dem sich das Göttliche selbst feiert. Wenn uns dies gelingt, werden wir unser Leben bewusster leben. Wir werden begreifen, was Jesus mit seinen Worten »Das Reich Gottes ist in euch« gemeint hat. Wir werden dann verstehen, was Jesus meinte, als er uns riet, Vertrauen in das Leben zu haben so wie die Vögel im Himmel und die Lilien auf dem Felde. In diesem Urgrund, der unsere wahre Heimat ist, sind wir geborgen. Ihm können wir uns vertrauensvoll anheimgeben.

Es gab eine Zeit,
da ich meinen Nächsten ablehnte,
wenn sein Glaube nicht der Meine war.
Mein Herz ist jetzt fähig geworden,
alle Formen anzunehmen:
Es ist Weide für Gazellen
und Kloster für Christenmönche,
Tempel für Götzenbilder
und Kaaba für Pilger,
es ist Gefäß für die Tafeln der Thora
und die Verse des Korans.
Denn meine Religion ist die Liebe.
Ganz gleich,
wohin die Karawane der Liebe zieht,
ihr Weg ist der Weg meines Glaubens.

Ibn Arabi

Die Ethik der Liebe

Fast alle religiösen Systeme arbeiten mit moralischen Appellen. Gebote und Verbote spielen in der religiösen Erziehung immer noch eine wichtige Rolle. Es fehlt ihnen jedoch an tragender Kraft, solange sie nicht im Inneren der Menschen beheimatet sind. Ethisches Verhalten sollte nicht etwas sein, was von außen auferlegt wird oder was sich Menschen aus Angst vor Strafe selbst verordnen. Angst war schon immer ein ungeeignetes Mittel, um ethisches Verhalten zu fördern. Die Androhung von Hölle und schlechter Wiedergeburt führte die Menschen vielmehr in eine infantile Abhängigkeit und zu neurotischem Verhalten. Alles, was Menschen in Angst und Schrecken versetzt, was sie knebelt und ihrer Freiheit beraubt, steht in Widerspruch zur allumfassenden Liebe.

Auf dem spirituellen Weg erwächst dem Menschen die Ethik nicht aus Vorsätzen und Willensappellen, sondern aus der Erfahrung der Einheit. Der Mensch wird bis in seinen Wesenskern hinein gewandelt. Das bringt eine Transformation des Bewusstseins mit sich und eine Weltsicht, die über den engen Kreis des Ichs hinausgeht. Aus der gewandelten Persönlichkeit entstehen neue Werturteile und Verhaltensweisen. Weisheit, Mitgefühl und Liebe wachsen. Damit entsteht ein unumstößlicher innerer Moralkodex, der mitunter durchaus gegen die Normen der Gesellschaft oder einer Glaubensgemeinschaft verstoßen kann. Es ist ein Kodex der Liebe. »Liebe und tue, was du willst!«, konnte deshalb der Kirchenlehrer Augustinus sagen. Denn wer liebt, spürt in sich, was richtig und was falsch ist, und kann Dinge, die diesem inneren Kodex entgegenlaufen, einfach nicht mehr tun. Je tiefer wir zu unserem ureigenen Wesen vorstoßen, desto mehr erfahren wir, dass wir von dem Urgrund der Liebe gelebt werden. Wenn wir Gottes Gegenwärtigkeit zu ahnen beginnen, verblassen viele Bedürfnisse, die uns bislang gefangen hielten. Es geschieht ein Lassenkönnen und Freiwerden von Abhängigkeiten. Der Urgrund Gott übernimmt die Initiative und verwandelt die Menschen von innen heraus.

Das tiefste Wesen des Menschen birgt eine Kraft, die den egoistischen Tendenzen entgegenwirkt und sie ausgleicht, wenn er sich ihr zu überlassen lernt. Wenn sich der Mensch wirklich gewandelt hat, entstehen viele negative Kräfte, die ihn auf seinem Weg hemmen könnten, nicht mehr. Die Spannung zwischen Subjekt und Objekt, zwischen Ich und Du weicht einem Miteinander. Wenn dieses Erleben die tiefsten Wurzeln des Seins durchdringt, sind alle Aktivitäten frei von Ich-Bezogenheit. Der Mensch wird aus seinem Egozentrismus und Individualismus herausgeführt und erlebt sich als Teil eines großen Ganzen. Zunächst meint der Liebende, die Welt habe sich verändert, in Wirklichkeit jedoch hat er sich von innen her gewandelt und erlebt daher die äußere Welt plötzlich ganz anders. In diesem Reifungsprozess wird sein ethisches Handeln zum Ausdruck seines innersten Wesens. Zwischen Überzeugung und Handeln besteht dann Übereinstimmung. Das nennt die Religion Weisheit. Deswegen wird der Einzelne nicht zu einem Spielball seiner Umgebung. Im Gegenteil, das rechte Selbstwertgefühl und die Kraft der Entscheidung, Ja und Nein zu sagen, steigen. Viele Mystiker und Mystikerinnen gingen eher ins Gefängnis oder gar auf den Scheiterhaufen, als dass sie ihrer Überzeugung untreu geworden wären.

Daher geht es in einer recht verstandenen Ethik nicht darum, schlechte Eigenschaften zu bekämpfen, sondern um die Behebung einer Art Gleichgewichtsstörung. Wenn die leeren Schalen einer Waage im Ungleichgewicht sind, behebt man diesen Fehler nicht dadurch, dass man Gewichte in die leichtere Schale legt, sondern indem man den Wiegebalken verschiebt. Ebenso können wir auch die Disharmonie in der menschlichen Seele durch Verlegung des Schwerpunktes aus dem Ich in die Liebe verschieben.

Der mystische Weg führt in die Erfahrung des Einen. Dieser Urgrund äußert sich als Liebe, als die existenzielle Erfahrung des Einen. Und diese Erfahrung führt zum Mitmenschen, sie ist die Grundlage einer neuen *Ethik der Liebe*. Sie erkennt im anderen Menschen sich selbst. Achtsames Tun, Klärung des eigenen Geistes und die »Entgiftung« des eigenen Herzens sind daher das Ziel aller mystischen Wege. Wer in einer mystischen Erfahrung durchbricht zur Erfahrung seines wahren Wesens, erkennt den Urgrund allen Seins, aus dem nichts herausfallen kann. Der mystische Weg mündet in eine universale Verbundenheit. Dahin zielt alle Mystik des Ostens und Westens. Das ist die eigentliche Revolution, die wir Menschen herbeiführen müssen: die Revolution der Liebe. In dieser Erfahrung liegt die Rettung unserer so zerrissenen Welt. Diese Liebe kann niemanden ausschließen, aus dieser Liebe kann niemand herausfallen, nicht einmal der Mörder, der Terrorist oder der Kriegsverbrecher. Die Mystik bejaht Welt und Mensch, und sie weiß, dass es nichts gibt, was nicht Manifestation dieser Urwirklichkeit wäre. Meister Eckhart verweist immer wieder auf diese Tatsache: »Aus diesem innersten Grunde sollst du alle deine Werke wirken ohne Warum. Ich sage fürwahr: Solange du deine Werke wirkst um des Himmelreiches oder um Gottes oder um deiner ewigen Seligkeit willen, (also) von außen her, so ist es wahrlich nicht recht um dich bestellt … Denn wahrlich, wenn einer wähnt, in Innerlichkeit, Andacht, süßer Verzücktheit und in besonderer Begnadung Gottes mehr zu bekommen als beim Herdfeuer oder im Stalle, so tust du nicht anders, als ob du Gott nähmest, wändest ihm einen Mantel um das Haupt und schöbest ihn unter eine Bank.«

Die Welt, die wir gewöhnlich wahrnehmen, ist eine Ansammlung vieler vereinzelter Phänomene. Die eigentliche Welt ist Eins. Diese Einheitswelt ist aber in Wirklichkeit nichts anderes als die ganz konkrete Welt mit ihren vielen verschiedenen Einzelelementen.

Das Phänomenale und das Wesenhafte sind zwei Aspekte ein und derselben Wirklichkeit. Sie sind wie ein Stab mit zwei Enden. Es gibt keinen Stab mit nur einem Ende. Es existiert nichts, was nicht eine Form der »Nichtform« wäre. Die phänomenale Welt ist identisch mit der Welt der totalen Leere und Einheit, in der nicht ein einziges Ding existiert. Ein Vergleich mit einer Filmleinwand mag dies illustrieren. Die Leinwand ist vollkommen leer. Erst wenn Bilder darauf projiziert werden, erscheint die Welt der vielen Formen und Farben.

Die unzählbar vielen Erscheinungsformen sind vollkommen leer. Die Leere in allen Formen schließt sie zur Einheit zusammen. »Eins ist alles und alles ist Eins.« Die Leere hat also die Funktion, das Eine zu erkennen.

Die Erfahrung der Leerheit führt in eine neue Verbindung mit allen Wesen und Dingen. Sie öffnet den Weg zu einer empathischen Verbindung. Das Leid des anderen wird zu meinem Leid.

Je tiefer die mystische Erfahrung, umso größer wird auch unser Mitgefühl sein. Und daraus erwächst die Motivation für unser soziales Verhalten. Sie erwächst aus keinem Gebot, sondern aus der Erfahrung der unverstellten Liebe. Es ist die Erfahrung der Einheit und Verbundenheit mit allen Wesen. Die Religionen bezeichnen dies als das »Innerste Gottes«. Nur von hier aus erhält das Wort Liebe seine wahre Bedeutung. Diese Liebe kommt nicht aus dem Ego. Sie hat nichts zu tun mit bloßen Liebesbekundungen wie: »Ich liebe dich.« In der mystischen Erfahrung steigt ein universales Wohlwollen auf, das im Christentum *Agape* genannt wird. Es kennt keinen anderen und kein anderes mehr. Es schließt alles ein, weil es im Einen keine Teilung gibt. Diese Liebe ist wie die Sonne, die nicht zwischen Gut und Böse unterscheidet, sondern auf alles gleichermaßen scheint. Das Innerste Gottes und so auch jeder Mystik ist Liebe. Daraus erwächst uns die Motivation für unser soziales Verhalten.

Immer wieder kommen Menschen zu mir und sagen: »Wenn ich in dieser Liebe bin, besteht für mich zwischen Gut und Böse kein Unterschied mehr.« Jemand sah in den Nachrichten ein Verbrechen und erkannte erschüttert: »Ich bin auch der Verbrecher.« Ein anderer kam aus der Stadt zurück und berichtete unter Tränen: »Ich bin der Bettler an der Straßenecke.« Es gibt nur Eines, und das können wir als unser wahres Wesen erkennen. Wer auf diese Stufe vordringt, hat die Ethik der Liebe verinnerlicht und versteht die Worte des Kirchenlehrers Augustinus: »Liebe und tue, was du willst!« Es ist die Liebe selbst, die fortan das ethische Handeln der Menschen bestimmt.

Wenn du dich Mir stetig näherst
und dies mit ganzer Hingabe tust,
bis du eins wirst mit Meiner Liebe,
dann bin Ich das Ohr, mit dem du hörst,
das Auge, mit dem du siehst,
die Hand, mit der du greifst,
der Fuß, mit dem du gehst.

Ausspruch aus den Hadithen

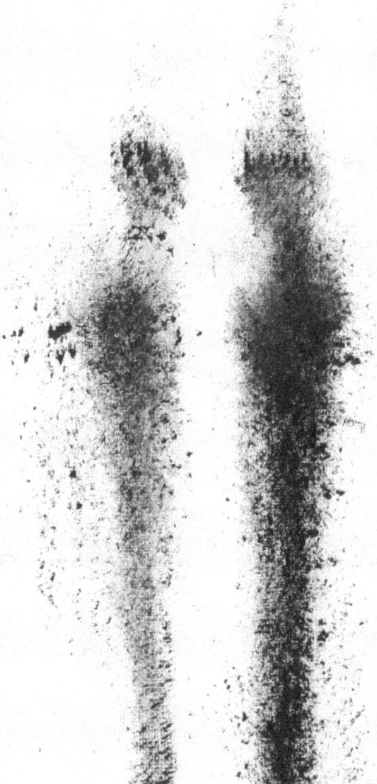

Die Einheitserfahrung der Liebe

Durch die Liebe erscheint in der Schöpfung ein neues starkes Energiefeld, das viel mehr ist als die Summe seiner Teile. Liebe ist etwas, was sich rational nicht erklären lässt, weil es weit über die körperliche und seelische Struktur des Menschen hinausgeht. Es ist jene metaphysische Sehnsucht, jene Urkraft, die zur Ich-Entgrenzung führt.

Das Problem ist, dass wir die Liebe oft an den falschen Orten suchen, außerhalb von uns, bei den anderen. Letztlich fließt die wahre Liebe aber aus dem Urquell des Lebens. Es ist die bedingungslose Liebe, die aus der Erfahrung der Einheit allen Lebens fließt. Die Sonne dieser Liebe scheint immer, auch wenn sie im Menschen durch egozentrische Wolken ständig verdunkelt bleiben kann. Die Religionen versuchen, daraus ein Gebot zu machen. Aber das »Du sollst« und »Du musst« hat sich im Menschen nie durchsetzen können. Erst wenn der Mensch in seinem »Menschwerdungsprozess« die Erfahrung der Einheit macht, wird sich in der Menschheit etwas ändern. Es wird wohl noch Generationen dauern, bis wir uns als Spezies in diese Erfahrungsebene hinein entwickelt haben. Seit siebentausend Jahren versuchen uns die mystischen Wege der Religionen auf diese Ebene zu führen. Aber jeder Entwicklungsschritt braucht seine Zeit.

In der Liebe wird der Mensch seines Ichs enthoben. Er »wird es los« an den anderen. Die wahre Liebe zu einem Menschen ist nicht nur Liebe zu diesem betreffenden Menschen, sondern Liebe zu einem ewigen Sein, für den der oder die andere steht.

Walter Schubart schreibt hierzu: »Die erlösende Liebe ist – als Gottesliebe und als Geschlechterliebe – ein unaufhörliches Hinauswandern aus dem eigenen Ich in fremde Wesenheit. Durch sie macht die Natur den herrlichsten Versuch, den einzelnen aus sich herauszuführen und ihm das Erlebnis der absoluten Einheit zu vermitteln. Wo der Mensch von der erlösenden Liebe ergriffen wird, fasst ihn das Absolute an.«

Wir projizieren unsere Sehnsucht lange auf Zwischenziele. Doch immer, wenn wir ein Ziel erreicht haben, erkennen wir, dass wir noch nicht angekommen sind. Das geht so lange, bis wir diese »göttliche Liebe« als unser wahres Wesen erfahren haben.

Dies bringt die Parabel vom verlorenen Sohn zum Ausdruck, die in vielen Kulturen ähnlich erzählt wird. Es ist die Geschichte von einem Sohn, der von seinem Vater sein Erbe verlangt. Das große Leben, so meint er, das muss doch irgendwo da draußen liegen. Und er zieht hinaus und sucht und verprasst dabei sein Erbe, um schließlich als Schweinehirt zu enden, dem nicht einmal das Schweinefutter gegönnt wird. Da erinnert er sich an sein Zuhause, kehrt zurück und wird vom Vater liebevoll und ohne jeden Vorwurf willkommen geheißen und aufgenommen.

Die Parabel erzählt die Geschichte unserer eigenen Transformation. Sie zeigt uns den Weg, den wir gehen. Sie ist gleichsam ein Spiegel, in dem wir unseren eigenen Lebensprozess erkennen können. Denn auch wir haben das Vaterhaus verlassen und haben vergessen, wer wir wirklich sind. Der Vater symbolisiert unseren Wesensgrund, unsere Heimat, unseren göttlichen Ursprung, Gott. Wir alle kommen aus diesem göttlichen Urgrund, den die Geschichte als Vater benennt. Der verlorene Sohn symbolisiert unser Ichbewusstsein, unsere Identifikation mit dem Ego. Er agiert so narzisstisch und egozentrisch, wie wir es die meiste Zeit unseres Lebens tun, bevor wir erfahren, wer wir wirklich sind. Das Elend, in das er gerät, ist die natürliche Folge des Sich-Abtrennens von unserem wahren Wesen. Dieses existenzielle Leid ergreift den Menschen, wenn er alles durchgebracht hat, wenn er allem nachgejagt ist und jede Ersatzbefriedigung ausprobiert hat. Die Wirkung des egozentrischen Handelns ist Leid. Es scheint, dass wir erst durch Abgrenzung, Leid und Not gehen müssen, bevor wir bereit sind, in unsere wahre Heimat zurückzukehren. Oft ist es das Leid, das Scheitern, das uns zur Besinnung bringt und uns an unser wahres Ziel erinnert. Das Vaterhaus ist es in der Geschichte, gemeint ist damit unser wahres Wesen, die Rückkehr zur Einheit mit dem Urgrund des Lebens.

Dieses ganze Universum ist angelegt auf Einheit. Am Anfang ist dieses eine, absolute Bewusstsein, das in sich kreativ ist und sich aufteilt in das Viele. Wir haben für diesen Prozess ein Bild, das von dem Naturwissenschaftler Arthur Koestler stammt – das Bild vom Holon. Ein Holon ist einerseits ein Ganzes und andererseits ein Teil von etwas anderem. So ist beispielsweise ein Atom einerseits ein Ganzes, andererseits Teil eines Ganzen, eines Moleküls. Ein Molekül ist wiederum Teil einer Zelle, und die Zelle ist Teil eines Organismus. Nichts ist ausschließlich ein Teil oder ausschließlich ein Ganzes. Es gibt nichts, das entweder nur das eine oder nur das andere wäre. Wir haben es immer mit einem Holon zu tun. Jedes Holon ist ein Teil und ist ein Ganzes. Es hat daher zwei Tendenzen: Es muss sowohl für seine Ganzheit wie auch für sein Teilsein einstehen. Ein Holon muss also seine Identität aufrechterhalten, andernfalls verschwindet es – muss aber ebenso eine Beziehung zum Ganzen eingehen. Jedes Holon hat die Tendenz, sich zu einem größeren Holon zu vereinigen.

Nur in der Überwindung des Dualen und im Erleben der Einheit werden wir Menschen die Trennung überwinden und uns als eins erfahren. Dieses Erleben der Einheit nannten die Religionen seit alters her Mitgefühl oder Liebe. Wer der Liebe nicht folgt, verfehlt sich gegen das Ganze. Denn die Liebe ist die Grundstruktur der Evolution. Dieses Universum ist ein Universum der Liebe. Und damit erhält auch jede liebende Beziehung zwischen Menschen ihre existenzielle Bedeutung.

Unser Ich jedoch hat die Tendenz, sich der Grundkraft, die zur Rückkehr zum Einen drängt, zu widersetzen. Es will sich nicht aufgeben in der Liebe. Es unterscheidet sich vom mystischen Verschmelzungsimpuls dadurch, dass es an seiner Egozentrik festhalten will. Dadurch läuft es Gefahr, den anderen zu benutzen, um sich zu bereichern und von ihm zu profitieren. Es will sich vermehren, ausbreiten, sucht aber nicht die höhere Einheit in der Vereinigung mit dem anderen. Der andere wird so zum Mittel für persönliche Zwecke degradiert, zum Mittel des Genusses, zur Ware, die beliebig benutzt und konsumiert werden kann. Eine solche Liebe ist nichts anderes als Erweiterung der Selbstsucht.

In der Religion gibt es eine ähnliche Haltung, die von Meister Eckhart folgendermaßen beschrieben wurde: »Du gibst nur vor, Gott zu suchen; in Wahrheit machst du aus Gott eine Kerze, mit der du etwas anderes suchst, und hast du es gefunden, so wirfst du die Kerze hinweg« (Pred 3). Die Liebe zu Gott wird als Mittel für persönliche Zwecke missbraucht. Der Mensch versucht Gott zu seinem Vorteil zu manipulieren. Besitzen wollen, haben wollen, das ist die Triebkraft der Ich-Befriedigung. In der falschen Frömmigkeit will der Mensch das Begehrte um des eigenen Genusses willen nicht loslassen. Das wahre Wesen der Religion jedoch ist Hingabe. In der Mystik ebenso wie in der Liebe ist das Ich bereit, sich hinzugeben und im anderen aufzugehen.

Eine Gebärde der Hingabe

Gebärden sind eine uralte und elementare Form, in der wir Menschen uns mit dem eigenen Wesenskern und dessen göttlichen Urgrund verbinden. Alle Religionen kennen meditative Haltungen, Bewegungen und Gebärden. Sie öffnen uns, bringen Energien zum Fließen und aktivieren eine starke, verwandelnde Kraft. Auch im Christentum wurden Gebetsgebärden lange Zeit in Klöstern angewandt, bevor sie weitgehend in Vergessenheit gerieten.

Sich auf der Erde auszustrecken, sich niederzuwerfen ist eine von allen Religionen praktizierte Form der Hingabe. Jesus selbst warf sich am Ölberg auf die Erde und gab sich und sein Leben dem Willen Gottes hin. Im Zen gibt es die Tradition der 108 Niederwerfungen. Tibetische Buddhisten pilgern um den heiligen Berg Kailash, wobei sie sich unablässig niederwerfend vorwärts bewegen. Die Gläubigen des Islams werfen sich zum Gebet in Richtung Mekka nieder.

Die folgende Gebetsgebärde der Hingabe ist eine Urgebärde der Menschheit: Legen Sie sich flach auf den Boden, die Stirn auf Ihre Hände. Spüren Sie den Boden unter Ihrem ausgestreckten Körper. Werden Sie eins mit der Erde, die Sie trägt. Lassen Sie sich immer tiefer in die Erde sinken, geben Sie das Gewicht Ihres Körpers ab und lassen Sie sich los. Bei dieser Form des Sich-Hingebens kann alles von Ihnen abfallen, das Sie belastet. Die Gebetsgebärde hilft Ihnen beim Loslassen und gleichzeitig bei der Annahme ihrer Lebenssituation.

Mehr zu den Gebetsgebärden in: Willigis Jäger und Beatrice Grimm, Der Himmel in dir. Einübung ins Körpergebet, Kösel, München 2000

Von beiden Welten weiß ich nichts –
Ich kenne nur die eine –
Ich suche nur die eine,
Ich weiß nur von der einen,
Ich finde nur die eine,
Und ich singe von einer allein.
Ich bin so trunken
Vom Wein des Geliebten,
Dass mir die beiden Welten
Entglitten sind.
Mir bleibt nichts anderes mehr zu tun,
Als nach dem Kelch
Des Geliebten zu greifen.

Rumi

Sehnsucht nach Ganzheit – die erotische Liebe

Am Anfang war das Eine, das Heilige, das Helle, Ungeteilte. Das Wesen Gottes ist Eins. Schöpfung bedeutet die Manifestation des Einen im Vielen. Das Eine entfaltet sich in einer unbegrenzten Zahl von Erscheinungsformen, die alle aufeinander bezogen bleiben und doch ein ganz individueller Ausdruck des Einen sind und zu ihm gehören, ganz genau so, wie die Welle zum Ozean gehört. Nichts ist getrennt in diesem Kosmos.

Aller menschliche Schmerz ist letztlich Trennungsschmerz, ist Sehnsucht des Teils nach dem Ganzen. Sich-getrennt-Fühlen, Sich-einsam-Fühlen: Das ist das Urleiden aller Teile und der Grund all unseres Suchens und Verlangens. Wir haben eine Ahnung vom Ganzen in uns behalten, und das weckt die Sehnsucht in uns. Heimweh gibt es nur, weil wir ahnen, dass es eine Heimat gibt. Der Name, den wir unserer Sehnsucht nach Vereinigung geben, ist Liebe.

Rumi hat dazu ein wunderbares Gedicht geschrieben. Es handelt von der Bambusflöte, die singt und klagt, weil sie vom Bambus abgeschnitten wurde: »Höre die Bambusflöte. Sie erzählt dir von der Trennung: Abgeschnitten vom Bambus muss ich klagen und weinen.«

Liebe ist der Schlüssel zum Verständnis der Evolution. Ohne dass das Eine aus sich heraustritt und Zwei und Viele wird, gibt es keine Evolution. Aber mit der Evolution kam es zu einer »Spaltung« des Einen und damit zur Unruhe. Alle Wesen spüren, dass sie nicht mehr ganz sind. Und so drängt das Aufgespaltene zurück zur Einheit. Der Mensch spürt dieses Defizit der Spaltung stärker als andere Wesen. Und so musste mit der Menschwerdung, die zugleich Trennung in Mann und Frau ist, die Suche nach dem ergänzenden Teil beginnen. Die personale Liebe ist nichts anderes als diese Suche. Jede Hälfte sucht die andere, um sich als Ganzes zu erleben.

Unser tiefstes Wesen ist jedoch weder weiblich noch männlich – es ist eins. Im Himmel wird nicht mehr geheiratet, sagt Jesus. In unserem ursprünglichen Zustand sind wir ungeteilt. Erst mit der Menschwerdung begann die »Urtragödie der Vereinzelung«. Dem biblischen Schöpfungsmythos zufolge erkannten die Menschen, dass sie nackt sind, das heißt einsam und herausgefallen aus der Ganzheit. Das ist der Urschmerz der Menschen. Ein Trennungsschmerz, der nicht aufhören wird, bis die Menschen wieder ins Eine zurückgefunden haben. Denn getrennt von dieser Erfahrung des Einen fühlen wir uns verloren und einsam.

Der Eros, die Hoffnung, in einem anderen Menschen die Erfüllung der Sehnsucht zu finden, ist ein machtvoller Antrieb und eines der stärksten Mittel der Ich-Transzendierung. Die sexuelle Vereinigung bricht die Ego-Grenzen auf, überwindet die Trennung und führt in die Erfahrung der Ganzheit. Liebe, Erotik und Sexualität sind daher etwas zutiefst Religiöses – sie sind Etappen auf dem Weg in die unendliche Liebe. Die Liebe in der Partnerschaft kann so zu einem Weg werden, der über das Ich und das Du in die Einheit führt. Der gemeinsame Weg, wenn er denn wirklich konsequent gegangen wird, führt unweigerlich durch Turbulenzen, durch Probleme und Krisen. Menschen, die es trotz oftmals verschiedener Ansichten und Lebensweisen und trotz Differenzen miteinander aushalten und zusammenbleiben, erleben einen Reifungsprozess ihrer Partnerschaft. Sie kommen dahin, dem anderen seine persönliche Entwicklung und Entfaltung nicht nur zu gönnen, sondern auch zu wünschen. Sie erfahren, dass die Liebe selbst dann Bestand hat, wenn der Partner oder die Partnerin einen anderen Weg geht. Und sie sind schließlich sogar dazu in der Lage, einander gehen zu lassen, wenn der Zeitpunkt einer Trennung kommen sollte.

Mein Freund ist mein,
und nach mir steht sein Verlangen.
Komm, mein Freund,
lass uns aufs Feld hinausgehen
und auf den Dörfern bleiben,
dass wir früh aufstehen zu den Weinbergen,
dass wir sehen, ob der Weinstock sprosse
und seine Blüten aufgehen,
ob die Granatbäume blühen;
da will ich dir meine Liebe geben.

Hohelied 7,11-13

Liebe – die Rückkehr des Verdrängten

Religion und Erotik kommen zwar aus derselben Quelle, doch das Christentum hat beide weitgehend voneinander getrennt. Außer in der Liebesmystik des Mittelalters, die sich vielfach auch in erotischen Bildern ausdrückt, oder im »Hohenlied der Liebe« hat die Erotik kaum eine Daseinsberechtigung im Christentum erhalten. Dabei enthält diese unteilbare Urkraft Liebe das großartige Potenzial, die Welt zu verändern. Im Christentum wurde jedoch zwischen Liebe und Erotik eine Kluft getrieben und später jeder Zusammenhang zwischen den beiden bestritten. Die Menschen unserer westlichen Welt nehmen Religion im Allgemeinen nur als ein System von Glaubenssätzen wahr, als eine Lehre und als ein System von moralischen Forderungen. Sie kennen Religion viel zu wenig als Weg und Begleiterin in die Erfahrung der Einheit mit dem Göttlichen und damit in eine mystische Verbundenheit.

Wir haben die Religion vom Leben getrennt, indem wir die Liebe in Agape und Eros aufgespalten haben. Agape als die religiöse Form der Liebe, Eros als die weltliche. Wir haben die Welt aufgeteilt in »sakral« und »profan«, in Gottesdienst und Alltag, in Gebet und Politik, in Sünde und Heiligkeit. Das Göttliche vollzieht sich jedoch in allem, was ist. Religion ist die Kommunion mit Gott in unserem Alltag.

Meister Eckhart sagt: »Willst du die Natur unverhüllt finden, so müssen die Gleichnisse alle zerbrechen, und je weiter man eindringt, umso näher ist man dem Sein. Wenn die Seele das Eine findet, in dem alles Eins ist, da verharrt sie in diesem Einen« (Pred 24).

Wir haben im Christentum einen Gott mit eindeutig männlichen Zügen geschaffen. Gott ist aber weder Mann noch Frau. Wenn wir schon anthropomorphe Bilder benutzen, dann sollten die weiblichen Attribute gleichberechtigt neben den männlichen stehen. Die weiblichen Gottesbilder wurden jedoch durch eine patriarchale Gottesvorstellung verdrängt.

Nur im 49. Kapitel der Genesis haben sich matriarchale Züge der Religion erhalten. Gott wird dort mit dem Namen Shaddai angesprochen. »Shad« ist offensichtlich verwandt mit dem Wort »Mutterbrust«. Es wurde wohl ursprünglich eine weibliche Gottheit damit benannt. Der Text verweist eindeutig auf weibliche Elemente (Gen 49,25). In unseren Agape-Feiern verwende ich den Segensspruch:

Shaddai möge uns segnen
mit der Segensfülle des Himmels droben
und mit der Segensfülle der Tiefe,
die unten sich lagert,
mit der Segensfülle aus Brust und Mutterschoß,
mit der Segensfülle der Ähren und Blüten,
mit der Segensfülle der ewigen Berge,
der Pracht der uralten Hügel.

Im Grunde könnte in der Sixtinischen Kapelle an der Decke statt eines alten Mannes mit Bart auch eine junge Frau den Platz einnehmen und eine Frau ins Leben rufen. Wir wissen natürlich, dass Gott weder Mann noch Frau ist, aber »er« besitzt in unserer Vorstellung häufig noch immer eindeutig männliche Züge. Durch das männliche Gottesbild kam es zu einer Überbewertung der männlichen Elemente in Religion und Gesellschaft und zu einer Verdrängung der weiblichen Qualitäten. Im Christentum haben die Menschen versucht, das verdrängte Weibliche auf die Gottesmutter Maria zu übertragen, zu der die Menschen an vielen Wallfahrtsstätten Zuflucht nehmen, wenn sie in Sorge und Not geraten sind.

Es hat auch in meiner eigenen religiösen Erziehung eine gewisse Zeit gedauert, bis ich die andere Hälfte meiner Seele – die weibliche Seite – entdeckte. Im christlichen Abendland dominiert seit Jahrtausenden die männliche Seite. Das faustische Element prägt unsere Gesellschaft, unsere Wirtschaft, unsere Politik und vor allem auch unsere Religion. Doch damit leben wir nur die Hälfte unserer Psyche. Es ist höchste Zeit, die weiblichen Schätze in uns selbst zu entdecken und zu leben. Diese Schätze liegen in uns verborgen. Sie wurden mit der Verdrängung der matriarchalen Religionen durch die theistischen Religionen verschüttet. Die Durchsetzung der patriarchalen Religion, die sich im Alten Testament vollzieht, gab dem Mann das Recht über die Frau, dem Reichen das Recht über den Armen, dem Stärkeren das Recht über den Schwächeren. Die Vernichtung anderer Menschen und Völker auf Geheiß Jahwes füllen viele Seiten des Alten Testaments. Bis zum heutigen Tag dominiert in unserer Gesellschaft der männliche Pol. Das Ichbewusstsein der ganzen Menschheit hat sich so auf Kosten essenzieller Anteile der menschlichen Psyche einseitig entwickelt und ist damit gänzlich aus dem Gleichgewicht geraten.

Es bedarf der ausgewogenen Polarität von männlich und weiblich. Ohne diese Polarität gibt es keine Energie. Polarität ist das Grundgesetz der Weltstruktur. Doch wenn wir Polarität sagen, denken wir sofort an Gegensätze. In Wirklichkeit aber bedingen und ergänzen sich diese Pole. Sie sind voneinander abhängig und ermöglichen Ganzheit.

Die Entdeckung und Wertschätzung des Weiblichen in unserer Zeit ist die Wiederkehr des lange Verdrängten. Der weibliche Archetypus, die Mutter allen Lebens, beherrscht das kollektive Unbewusste. Dieser Archetypus ist nicht nur in den tiefsten Seelenschichten der Frau, sondern ebenso in denen des Mannes verankert. Ein rein männliches Gottesbild, die Angst der katholischen Kirche und die Angst des Mannes vor der Frau weisen auf eine Animaverdrängung hin und somit auf Verdrängung weiblicher Elemente im Mann und nicht zuletzt in der Gesellschaft. Das bedeutet eine schlimme Ignoranz und eine Verfehlung gegen die innere Struktur der Schöpfung und der Evolution.

Nur wer bereit ist, offen zu sein, zu empfangen und zu gebären, wird erfassen, was die Religionen mit der Botschaft der Liebe meinen. Wer diesen göttlichen Urgrund in sich entdeckt und sich ihm hingibt, erkennt, dass wir alle in unserer tiefsten Seele schwanger gehen mit Liebe, die sich in uns gebären möchte. Sicher hat der Mann hier mehr aufzuholen als die Frau. Der Frau scheint es offenkundig leichter zu fallen, Zugang zur mystischen Erfahrung der Liebe zu finden. Die weiblichen Anteile in der Psyche der Menschen werden so zur Geburtsstätte einer menschlichen Gemeinschaft, die in Liebe verbunden ist.

Gemeinsam mit der Frau und dem Weiblichen wurden auch die Natur und der Körper vom patriarchalen Geist abgewertet. Lange haben Menschen, die sich dem Göttlichen zuwandten, daher gemeint, dass der Körper ein Hindernis auf dem Weg sei. Sie versuchten seine Bedürfnisse zum Schweigen zu bringen, bis er »abgetötet« war und die Transformation des Bewusstseins nicht mehr stören konnte. Geist und Körper wurden lange Zeit als zwei feindliche Brüder angesehen. Der hl. Franziskus, der seinen Körper Zeit seines Lebens als »Esel« geknüppelt hatte, fand erst am Ende seines Lebens das Wort vom »Bruder Leib«. Doch die »Abtötung« des Körpers gelang und gelingt nur selten. Der Körper wehrt sich dagegen, rächt sich und schlägt zurück. Trotzdem leben auch heute noch viele Menschen in einer Disharmonie von Körper und Geist. Eine zeitgemäße und moderne Spiritualität achtet den Körper jedoch als einen Freund auf dem Weg und behandelt diesen mit Wertschätzung und Fürsorge. Zu Recht spricht der indische Mystiker Kabir von dem Körper als einem Instrument Gottes: »Oh Freund! Dieser Körper ist Seine Lyra: Er strafft ihre Saiten und entlockt ihr die Melodie des Brahma. Wenn die Saiten erschlaffen und die Schlüssel sich lockern, dann muss zu Staub werden wieder dieses Instrument aus Staub. Kabir sagt: Niemand als Brahma kann diese Melodie hervorbringen.«

Der Leib ist ebenso wie die gesamte Natur Ausdrucksform des Göttlichen. Die Wertschätzung des Körpers ist die Voraussetzung für eine positive Einstellung zu Eros und Sexualität. Wenn wir unsere Inkarnation als Mensch ernst nehmen, dann bedeutet dies auch, den Leib und zwar den ganzen Leib mit seinen freudvollen und leidvollen Erfahrungen zu bejahen und ernst zu nehmen. Er ist ja die Form, als die sich die »Nichtform« selbst feiert.

Ephräm der Syrer, einer der größten Kirchenlehrer der syrischen Kirche, dichtete in einem Hymnus: »Der Leib wird seine Gefährtin, die Seele, hineinführen in sein Brautgemach und sie trösten ... Mit Leib begleitet war der Erstgeborene, der Sohn Gottes. Er gebrauchte ihn als Schleier seiner Herrlichkeit, der unsterbliche Bräutigam erstrahlte in seinem Gewand. Mögen erstrahlen eure Leiber – eure Gewänder.«

Bis heute haben jedoch weder die Religionen des Westens noch die wenigsten Religionen des Ostens die Spannung zwischen Körper und Geist gelöst. Das zeigt sich insbesondere in ihrer Einstellung zur Sexualität. Der Tabuisierung des Geschlechtlichen liegt eine ganz bestimmte Haltung zur Welt und zur Natur zugrunde. Die christliche Tradition erachtet die Welt und damit Natur und Körper als getrennt von Gott und Geist, und daher gilt ihr vielfach die Freude des sexuellen Erlebens als minderwertig. Gott wurde zu einem moralischen Sittenwächter gemacht, und die Vorstellung von einem erotischen, liebenden, zeugenden und empfangenden Gott ist dem Christentum gänzlich abhandengekommen. Im Daoismus und im tantrischen Buddhismus hingegen ist die sinnlich-sexuelle Dimension in das Spirituelle einbezogen, und manche Anweisungen für den Liebesakt in daoistischen oder tantrischen Schriften lassen an Anweisungen für den Empfang eines Sakramentes denken. Dies ist für viele Christen unvorstellbar. Doch was ist ein Sakrament anderes als ein im Außen sichtbar gemachtes Zeichen für eine innere Wirklichkeit? Genau dahin weist auch die Vereinigung von zwei Menschen – auf ein Sakrament, in dem die Einheit von Gott und Mensch, von Geist und Materie erfahrbar wird. In indischen Tempeln findet man vielfältige Darstellungen sexueller Vereinigungen und in Stein gehauene Darstellungen menschlicher Geschlechtsteile. Überflüssig zu sagen, dass dies mit Pornografie nichts zu tun hat. Denn nicht Indien, sondern das christliche Abendland ist die Heimat der Pornografie und damit der Verzerrung und Verachtung der Sexualität. Diese erotischen Bilder und Darstellungen besitzen eine hohe symbolische Bedeutung: Sie symbolisieren die Vereinigung von Gott und Mensch, von Geist und Materie.

Weshalb hat diese Symbolik so wenig Eingang in die christliche Spiritualität gefunden? Weshalb hat das Bild der bräutlichen Liebe zwischen Jahwe und seinem Volk Israel so wenige Künstler inspiriert? Das sinnliche Hohelied des Alten Testaments ist von Künstlern kaum aufgegriffen und gestaltet worden. Warum ist in der traditionellen christlichen Spiritualität der Liebesakt dermaßen tabuisiert und herabgesetzt worden? Es gibt nicht nur das Hohelied, in dem die Liebe zwischen Gott und Mensch als bräutliche Liebe beschrieben wird, sondern auch viele weitere Stellen in der Bibel, die sich dieser Symbolik bedienen. So steht bei Jesaja: »Denn wie der junge Mann eine junge Frau heiratet, so wird dein Erbauer dich, Israel, heiraten. Wie der

Bräutigam seine Wonne an der Braut hat, so wird dein Gott an dir seine Wonne haben« (Je 62,5). Die Liebesbeziehung zwischen Mann und Frau wird so zur Epiphanie des Bundes zwischen Gott und Mensch. Was Mann und Frau verbindet, nennt die spirituelle Tradition Hagios Gamos, die Heilige Hochzeit. Durch die Partnerin bzw. den Partner ahnt der Mensch – und mancher erlebt sie wirklich – die Einheit mit dem Göttlichen, die Heilige Hochzeit. Die Einheit der Liebenden wird zum Symbol für die Kommunion mit Gott. So findet der Mensch über die Liebesbeziehung die Spur zurück in die Einheit. Sie wird zum Weg zu Gott.

Und diese menschlichere Liebe
(die unendlich rücksichtsvoll und leise,
und gut und klar
in Binden und Lösen sich vollziehen wird)
wird jener ähneln,
die wir ringend und mühsam vorbereiten,
der Liebe, die darin besteht,
dass zwei Einsamkeiten
einander schützen, grenzen und grüßen.

Rainer Maria Rilke

Freundschaft – die Liebe zum Du

Die Möglichkeit des Austauschs von Gefühlen und Gedanken ist die Basis jeder tiefen zwischenmenschlichen Beziehung und jeder wirklichen Freundschaft. Nur bei einem Menschen, der uns wirklich Freund oder Freundin ist, können wir spontan und wir selbst sein. Der Austausch von Gedanken und Gefühlen ist eine wichtige Bereicherung unseres Lebens. Der Freund, die Freundin gibt uns die Freiheit, uns mitzuteilen, und die Sicherheit, dass wir nicht missverstanden werden. Ungeschützt können wir uns so zeigen, wie wir sind, können wir über das reden, was uns bedrängt und wichtig erscheint. Die freundschaftliche Liebe zwischen zwei Menschen ist mehr als die Summe ihrer Teile. Viele berühmt gewordene Freundschaften aus der Geschichte beweisen die Tragfähigkeit und Kreativität solcher Beziehungen. Durch die freundschaftliche Verbundenheit entsteht ein ganz neues Energiefeld zwischen Menschen. Dieses Energiefeld kann sogar erotisch geladen sein, auch wenn dies nicht in eine körperliche Vereinigung mündet. Die erotische Energie in Freundschaften kann durchaus einen entscheidenden Beitrag bei der Veränderung und Transformation der Befreundeten leisten, auch wenn zwischen ihnen kein sexueller Liebesakt stattfindet. Menschen, die ihren Eros nicht in einer sexuellen Beziehung ausdrücken, sondern in einer platonischen Liebesbindung oder der gemeinsamen Hingabe an soziale, kulturelle oder religiöse Aufgaben, sind daher keineswegs asexuell. Jeder Mensch kann die Erfahrung machen, dass die verschiedensten Formen der Hingabe, etwa in der tätigen Nächstenliebe, in einem gemeinsamen Projekt, im künstlerischen Ausdruck, im engagierten Gespräch belebende Gefühle des strömenden und erotischen Einsseins hervorrufen. Wer die sexuelle Bindung jedoch ganz aus seinem Leben ausschließt, muss eine andere, sehr starke Form der Hingabe wählen. Denn sonst droht ihr oder ihm, im eigenen Ich zu verknöchern. So fühlen sich im Kloster nur die Menschen auf Dauer wohl, die sich von einer hingebenden Liebe zu Gott und den Menschen getragen wissen.

Liebe bringt sehr viele Formen hervor. Die körperliche Liebe ist nur eine der vielen möglichen Varianten. Psychische und geistige Energien zwischen Menschen haben ebenso viel Substanz. Freundschaftliche Liebesbeziehungen zwischen Mann und Frau können als eine Möglichkeit der Transformation und des Wandels angesehen werden, als Potenzial der menschlichen Reifung. Solche Beziehungen sind wertvoll, und wir sollten sie pflegen und kultivieren. Liebe ist immer schöpferisch. Sie ist es in der Erzeugung eines neuen Menschen ebenso wie in der gemeinsamen Erzeugung geistiger Ideen und in der wechselseitigen Unterstützung für das seelische Wachstum. Die Liebe zu einem anderen Menschen verwandelt nicht nur uns, sie verwandelt auch unsere Sicht von unseren Mitmenschen, ja von der ganzen Welt. Sie trägt bei zur Versöhnung von Mann und Frau, von Mensch und Natur, von Gott und Mensch.

Pflicht ohne Liebe macht verdrießlich.
Verantwortung ohne Liebe macht rücksichtslos.
Gerechtigkeit ohne Liebe macht hart.
Wahrheit ohne Liebe macht kritiksüchtig.
Erziehung ohne Liebe macht widerspruchsvoll.
Klugheit ohne Liebe macht gerissen.
Freundlichkeit ohne Liebe macht heuchlerisch.
Ordnung ohne Liebe macht kleinlich.
Sachkenntnis ohne Liebe macht rechthaberisch.
Macht ohne Liebe macht gewalttätig.
Ehre ohne Liebe macht hochmütig.
Besitz ohne Liebe macht geizig.
Glaube ohne Liebe macht fanatisch.

Asiatische Weisheit

Die Abwesenheit der Liebe

Je tiefer wir in die Geheimnisse des Makrokosmos' und des Mikrokosmos' eindringen, umso mehr müssen wir erkennen, dass Gut und Böse zwei Seiten derselben Münze sind. Gott ist nicht nur das, was wir gütig, liebevoll, gnädig, barmherzig nennen. Gott hat auch eine dunkle Seite, die wir Menschen uns nur schwer erklären können; denn zu dieser dunklen Seite hat unser Verstand keinen Zutritt. Sie bleibt ein Mysterium, für das auch die Theologie nur unbefriedigende Antworten bereithält. Das Böse einzig dem Menschen anzulasten, hält einem kritischen Blick nicht stand. Wir müssen uns bewusst sein, dass wir das Böse nicht aus der Evolution herausnehmen können, denn dann würden wir wieder einen Teufel, einen Widersacher außerhalb von Gott schaffen. Was wir böse nennen, gehört ebenso zum evolutionären Geschehen dazu wie das, was wir gut nennen. Denn auch das Sündhafte ist eine Manifestation dieses Urgrundes. Das bedeutet nicht, dass der

Mensch nun tun und lassen könnte, was er will – die Erfahrung der Einheit lässt dies gar nicht zu.

Dass auch das Böse Teil des evolutionären Geschehens ist, drückte Meister Eckhart in einer seiner Predigten aus: »In jedem Werk, auch im bösen, im Übel der Strafe ebenso sehr wie im Übel der Schuld, offenbart sich und erstrahlt gleichermaßen Gottes Herrlichkeit.«

Aufgrund solcher Aussagen wurde er von der Inquisition der Ketzerei bezichtigt. Begreifen lassen sie sich nur auf einer tieferen Ebene der Einheit, so wie auch die folgenden Worte: »Wer jemanden mit einer Schmähung lästert, lobt Gott durch eben diese Sünde der Schmähung; und je mehr er schmäht und je schwerer er sündigt, umso kräftiger lobt er Gott.« Das ist keineswegs eine Aufforderung, Böses zu tun, sondern bringt die Erfahrung zum Ausdruck, dass im evolutionären Geschehen nichts »Außergöttliches« entstehen und existieren kann.

Die Frage nach dem Bösen lässt sich nur auf der Ebene einer tiefen mystischen Erfahrung lösen. Unser wahres Wesen, diese strukturlose Potenz, kennt weder Geborenwerden noch Sterben und ebenso wenig gut oder böse. Auf dieser Ebene, auf der es noch kein Für und kein Wider gibt, ist alles ohne Unterschied der Vollzug des göttlichen Urprinzips. Was wir böse nennen, ist die dunkle Seite Gottes. Dies ist der Ratio fremd, wir können es nur erfahren. Durch eine solche Erfahrung verschwindet das, was wir böse nennen, zwar nicht aus der Welt, aber es erhält einen ganz anderen Stellenwert.

Das Gesagte ist keine Befürwortung des Bösen. Im Gegenteil. Wer in die Einheit durchbricht, kann dem anderen nur mit Liebe begegnen. Aber ganze Galaxien kommen und gehen mit allem Leben, das sich möglicherweise darauf befindet. Das gesamte evolutionäre Geschehen, auch das, was wir gut oder böse nennen, kann von diesem Urgrund offensichtlich nicht ausgeschlossen werden. Alles ist integrales Element des einen Seins, ein Element des kosmischen Spiels, dem wir den Namen Gott gegeben haben. Erst in unserem ganz konkreten Leben wird es gut oder böse. Aus der Schöpfungsordnung kann es nicht eliminiert werden, denn es gehört dazu. Diese Schöpfungsordnung anzuerkennen, so wie sie sich zeigt, ist eine der schwierigsten Integrationsprozesse, die wir Menschen zu leisten haben. Die absolute Wirklichkeit enthält die ganze Bandbreite der Evolution – und dazu gehört auch das, was wir böse nennen.

Wie jedoch begegnen wir dem Bösen und was kann uns von dem, was wir das Böse nennen, befreien? Was führt uns heraus aus Krieg, Terror und der schreienden Ungerechtigkeit in der Welt? Der erste Schritt hierzu ist es, Gier, Hass und Verblendung in uns selbst zu entdecken, um ihnen nicht zum Opfer zu fallen und sie nicht nach außen zu projizieren. Denn es ist auch unsere eigene Verblendung, die Gier, Neid und Hass in der Welt erzeugt. Das, was wir böse nennen, rührt immer aus einem Mangel an Erkenntnis. Wenn wir uns und unser eigenes Leben besser verstehen würden und uns der kosmischen Zusammenhänge bewusster wären, gäbe es all den Schrecken und all das Leid in der Welt nicht mehr. Wenn ich erkenne, dass ich mit allem verbunden bin, dann erkenne ich zugleich, dass sich auch im Handeln eines Diktators, eines Terroristen und Menschenschlächters ein Teil meiner eigenen Wut, meines eigenen Hasses, meiner eigenen Aggressionen Ausdruck verleiht und Gestalt annimmt.

Auf der Ebene der Einheit bleibt die Liebe daher auch für Menschen bestehen, die uns feindlich gesinnt sind und uns wehtun. Das lässt sich rational kaum erklären. Doch diese hintergründige Einheit reicht hinter alle Bosheit und Gemeinheit – was nicht heißt, dass wir unter der Bosheit eines anderen Menschen nicht leiden würden. Doch auf dieser zweiten Ebene der Liebe kann ich einfach einen anderen Menschen nicht ausschließen, auf dieser Ebene kann ich nicht einmal Menschenschlächter wie Hitler, Stalin oder Mao ausschließen.

Es ergreift einen vielmehr ein tiefes Bedauern, dass Menschen in ihrer Entwicklung steckengeblieben sind, ein tiefes Bedauern darüber, dass sie die Ebene des reifen Menschseins nicht erreicht haben. Es ist ein Bedauern, so wie eine Mutter ihr Kind bedauert, das zum Verbrecher wurde und das sie trotzdem nicht aus ihrer Liebe ausschließen kann. Die Liebe ermöglicht es, im Tyrannen einen Menschen zu erkennen, der seinen eigentlichen Menschwerdungsprozess nicht vollzogen hat. Das bedeutet jedoch keineswegs, seine Taten zu entschuldigen.

Auf dem spirituellen Weg ist es daher für jeden Einzelnen von uns unabdingbar, sich mit dem eigenen verdrängten Schatten auseinanderzusetzen. Der Schatten ist die uns abgewandte Seite unseres Bewusstseins. Deshalb ist es so schwer, ihn zu sehen, und wenn er auftaucht, ihn als zu uns gehörig zu erkennen. Die Akzeptanz und Aussöhnung mit dem verdrängten Schatten ist eine wichtige Aufgabe auf dem Weg. Sie ist Voraussetzung für unseren Ganzwerdungsprozess. Erst dann werden wir wirklich frei zu lieben. Diese Erfahrung von der Einheit des Lebens mündet in die Verbundenheit mit allem Sein und ist die Bedingung für tiefes Mitgefühl und Liebe.

Buddha bezeichnete diesen Urgrund als Leerheit, eine Einheitserfahrung, die ins Mitgefühl führt, wie Zen sagt. Jesus und die theistischen Religionen, Judentum und Islam, sprechen von der Liebe. »Wer nicht liebt, hat Gott nicht erkannt, denn Gott ist die Liebe« (1 Joh 4,9).

Der Mystiker der »Wolke des Nichtwissens« sagt: »Vernachlässige diese schweigende Hingabe der Liebe nicht. Sei also um Gottes willen vorsichtig auf diesem Weg und quäle dich nicht ab, weder mit Nachdenken noch mit Vorstellungen, denn trotz aller Mühe wirst du damit deinem Ziel nicht näherkommen. Lass Sinne und Verstand ruhen. Du wirst Gott als die Liebe erkennen. Geistig eins geworden in der Liebe, wirst du ihn unverhüllt in der innersten Tiefe deines Geistes erfahren. Völlig entblößt von deinem Selbst und einzig in ihn gehüllt, wirst du ihn erkennen, wie er ist, ohne Trübung durch Glücksempfindungen, wären es auch die beglückendsten und höchsten, die auf Erden möglich sind. Dieses Erkennen ist dunkel, weil es in diesem Leben so sein muss. Doch in der klaren Lauterkeit deines ungeteilten Herzens, fern vom Wahn und Irrtum, dem jeder ausgesetzt ist, wirst du spüren und erkennen, fern jeder Täuschung, dass es Gott selbst ist, so wie er wirklich ist.«

Dein bin ich,
geboren zu dir,
was verfügst du zu tun
mit mir?

Teresa von Avila

Von göttlicher Liebe getragen

Der tibetische Buddhismus nennt dieses Universum ein Universum der Liebe. Im Christentum heißt es: Gott ist Liebe. Liebe ist da – immer. Wer nicht auf diesem Grund der Liebe steht, verfehlt sich gegen die Grundstruktur der Evolution und damit gegen das Leben selbst.

Die Liebe ist die Wurzel der Wirklichkeit, noch bevor sie in ein System und eine Ordnung überführt wurde.

Die Anbindung an diese hintergründige Wirklichkeit ist immer schon da. Es bedarf daher keines Verehrens, Dankens und Bittens, es geht vielmehr darum, sich dieser hintergründigen Wirklichkeit ganz auszuliefern, mit all dem, was ich bin und was ich tue. Aus dieser Erfahrung heraus ließ Rumi Gott sprechen: »Hör auf, mir Liebesgedichte zu schreiben, ich bin doch da, spüre mich doch …«

Die Liebe ist der Bauplan, auf dessen Grundlage sich dieses Universum entfaltet. Selbsttranszendenz ist ein anderes Wort dafür. Liebe ist Selbsttranszendenz, denn sie bricht die Ego-Grenzen auf und überwindet die Trennung.

Sie ist der Ursprung aller Formen, die Erfahrung, aus der alles Leben kommt und in der sich alles Leben verbindet. Liebe ist wie der Baum, der viele Äste treibt. Alle Äste bleiben der eine Baum, aus dem sie kommen. Der Baum verbindet sie alle, er ist ihr Ursprung und macht sie zu einer Einheit, die nicht verlorengehen kann.

Die Liebe ist die Grundlage des evolutionären Geschehens. Wer nicht lieben kann, kann sich nicht öffnen, kann nicht in Austausch mit anderen treten, kann dann aber auch kein erfülltes Leben leben; denn Leben heißt, Gemeinschaft zu haben, angenommen zu sein, geborgen zu sein und um die Deutung des eigenen Lebens zu wissen. Auch hier zeigt sich wieder die Selbsttranszendenz als Grundstruktur der Evolution. Nur wenn ich über mich hinausgehen, mich öffnen kann, füge ich mich ein ins Große und Ganze und damit in den Bauplan Gottes.

Wir alle sind Teil des evolutionären Prozesses, in dem sich die Schöpferkraft des Göttlichen entfaltet. Die spirituelle Erfahrung lässt die Schöpferkraft in uns selbst lebendig werden. Wir gestalten die Welt und tragen Verantwortung für unsere Mitmenschen.

Auch die Naturwissenschaft geht heute davon aus, dass dieser Kosmos eine große Einheit darstellt, aus der nichts herausfallen kann. Alles ist mit allem verbunden. Aus dem Austausch der kleinsten Teilchen entwickeln sich die höheren Formen des Lebens. Aus diesem Austausch entwickelt sich das Leben. Dieser Austausch ist ein anderes Wort für Liebe.

Die Biologie und die Psychologie sprechen in diesem Zusammenhang von Feldern. Ein Feld ist eine Organisationsform, die Nichtmaterie ist, ein transmaterieller und transrationaler Urgrund, der sich aus nicht-kausalen Kräften organisiert. Alle Teile wirken auf das Eine. Ganz konkret: Wenn aus einer Eichel ein Eichbaum wird, dann ist das ein physisch-chemischer Prozess. Aber dass durch diesen physisch-chemischen Prozess ein Eichbaum entsteht, dafür sorgt das Feld. Dass aus einer Eizelle nicht eine weitere Eizelle entsteht, sondern im Laufe der Zeit ein Mensch in menschlicher Gestalt, mit einer Psyche und einem Intellekt, dafür sorgt das Feld. Wir sind in unserer Existenz viel mehr von hintergründigen Kräften und Feldern bestimmt, als wir das bisher meinten. Das Feld ist aber nicht im Körper, sondern der Körper ist im Feld. Das Feld ist das Eigentliche. Wir sprechen in dem Zusammenhang auch von morphogenetischen Feldern; den Begriff hat Rupert Sheldrake geprägt. Es sind Felder, an denen wir alle teilhaben. Wir partizipieren alle am Feld Mensch. In dieses Feld Mensch speisen wir ein, von diesem Feld Mensch rufen wir ab. Das heißt, wir alle tragen zum Positiven in dem Feld Mensch ebenso bei wie zum Negativen. Heute wissen wir, dass geschlossene Felder sich selbst zerstören – das ist ein naturwissenschaftliches Gesetz. So versuchen Krebszellen ein geschlossenes Feld zu organisieren und richten sich und damit den ganzen Organismus zugrunde.

Der Kosmos ist vergleichbar mit einem riesigen Fischernetz. Die einzelne Masche ist sehr wichtig, aber allein macht sie keinen Sinn. Nur als Masche im Netz kann sie bestehen. Allein machen auch wir keinen Sinn. Allein gehen wir zugrunde.

Dass wir dieses Grundgesetz der Evolution nicht mehr erkennen, ist die eigentliche Krankheit unserer Zeit. Denn auf diesem Gesetz gründend entfaltet sich die Welt. Unsere Welt jedoch krankt daran, dass sie sich gegen dieses Grundgesetz verfehlt.

Wenn es im Christentum heißt: Gott ist Liebe, dann ist dieses Grundgesetz gemeint, das alles eint und das Leben Gottes selbst ist.

Die Religionen haben das Gebot »Du sollst deinen Nächsten lieben wie dich selbst!« nicht erfunden, sie haben es abgeschaut von der Entfaltung dieser Welt, in der sich Gott selbst entfaltet. Die Weisen der Religionen haben die Grundstruktur der Evolution erkannt, und die heißt Liebe. Was wir Gott nennen, ist die Grundlage allen Lebens: Es ist die Liebe.

Diese Liebe ist es, die in uns immer dann aufbricht, wenn wir in tiefere Schichten des Bewusstseins vordringen. Wenn Menschen zu mir kommen, die eine tiefe Erfahrung gemacht haben, dann sagen sie oft: »Ich könnte die ganze Welt umarmen!« Und da ist nichts ausgeschlossen. Diese Erfahrung ist die bedingungslose Öffnung zum anderen, zum Einen und Ganzen hin. Und es ist diese Grundverfassung, die wir als Spezies Mensch momentan ganz entscheidend verfehlen. Unser Narzissmus, die Eingrenzung auf uns selbst ist unsere eigentliche Krankheit, und die Gefahr besteht, dass wir wie Narziss aus der griechischen Mythologie, der nur sich selbst lieben konnte, letztlich in unserem eigenen Selbstbild ertrinken.

Schauen wir uns um in der Welt, schauen wir auf unser eigenes Leben, so können wir sehen, wie verbreitet die Unfähigkeit zur Selbsttranszendenz ist und wie sehr es uns daran mangelt, uns für die Grundstruktur des Universums zu öffnen. Der Neurobiologe Gerald Hüther macht in seiner Sichtweise der Evolution deutlich, dass in der Entwicklungsgeschichte nur die Lebewesen überleben konnten, die auf der Ebene der Liebe und Selbsttranszendenz zusammengefunden haben. Nur wer lieben kann, kann sich öffnen und in Austausch mit anderen treten. Nur wer lieben kann, kann überleben; denn Leben bedarf der Gemeinschaft, der Geborgenheit und des Rückhalts.

Die Flöte des Unendlichen
wird ohne Ende gespielt,
und ihr Ton ist Liebe:
Wenn Liebe aller Grenzen entsagt,
erreicht sie die Wahrheit.
Wie weithin der Duft sich breitet!
Er hat kein Ende, nichts steht ihm im Weg.
Die Gestalt dieser Melodie ist leuchtend
wie eine Million Sonnen.
Unvergleichlich ertönt die Vina,
die Vina der Töne der Wahrheit.

Kabir

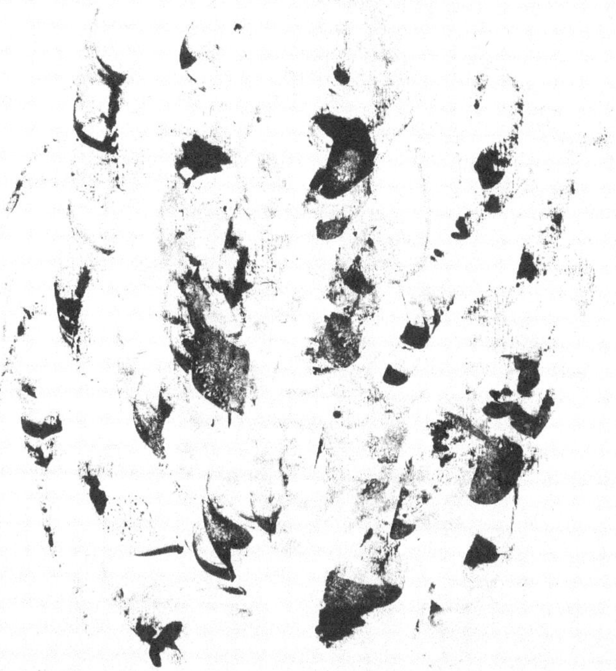

Die Liebe entsagt allen Grenzen

Dass sich alles verwandelt, führt uns das Leben ständig vor Augen. Bäume blühen, Blätter fallen, Jahreszeiten kommen und gehen, aus dem Abfall blüht neues Leben. Ohne Sterben und Zerstören könnte es kein neues Leben geben. Die ständige Veränderung ist das eigentliche Wunder des Lebens. Geborenwerden, Leben und Sterben sind die Vollkommenheit des Lebens. Der Himmel bedeutet keine statische Existenz irgendwann in ferner Zukunft. Der Himmel bedeutet, diesen göttlichen Tanz des Geborenwerdens und Sterbens als das Leben selbst zu erfahren. Der Tod ist das Symbol für Vergänglichkeit, aber auch für neues Leben. Und zur Vollkommenheit des Lebens gehört die Bereitschaft, sich durch den Tod verwandeln zu lassen.

Es ist die Liebe, die Vertrauen und Kraft gibt und damit die Gewissheit, aufgefangen zu werden und getragen zu sein. Sie wandelt uns und gibt uns letztlich auch den Mut zu sterben, um zu neuem Leben aufzuerstehen. Das Liebesspiel Gottes ist das Spiel der Verwandlung, und es ist an uns, dieses Liebesspiel mitzuspielen und uns vom Festhalten zu befreien. Die Liebe verleiht uns den Mut zur Verwandlung, sie überwindet die Angst und führt uns in die Freiheit.

Für mich ist es Gott, das große Geheimnis, das »nada«, dem ich mich nur liebend und unwissend hingeben kann und es nur lieben kann, wenn ich auch die Welt so annehme und liebe, wie sie ist. Der Weg führt in ein Leben in Liebe und Mitgefühl, das die Augen nicht verschließt vor dem Leid und das Verantwortung übernimmt, da wo man gerade ist und wo es erforderlich ist.

Jesus streckte seine Hand aus und berührte den Aussätzigen. Im gleichen Augenblick wurde dieser geheilt. Ein Ausgestoßener, der bis dahin allein war und gebrandmarkt. Leben beginnt durch Beziehung, Zuwendung und Berührung. Der mystische Weg führt in den Alltag, und er führt zum Mitmenschen. Wer die Erfahrung der göttlichen Liebe gemacht hat, teilt diese mit seinen Mitmenschen und vermittelt ihnen die Nähe und Geborgenheit, die er selbst erfahren hat.

Können wir Nähe ertragen, haben wir den Mut, uns auf die anderen einzulassen? Diese Liebe ist nicht Geben und nicht Nehmen, sie ist einfach da, sie ist ganz frei und lässt frei. Sie ist immer wieder bereit zum Neubeginn. Sie zertrümmert alles Harsche, bringt das Sanfte in uns hervor. Sie reinigt unsere Gedanken. Echte Liebe kann auch bestehen, wenn man verschiedener Ansicht ist, wenn Überzeugungen aufeinanderprallen, in einer Gruppe, einem Staat, einer Religion. Gerade da kann sich die universelle Liebe zeigen, sie ist nicht eng, sie trägt nicht nach, sie ist zur Versöhnung bereit. Sie sondert nicht aus. Sie zeigt sich bei Freunden, Partnern, da, wo wir nicht ausweichen können. Die Entgrenzung zum anderen hin gehört zum Wachstum unseres Lebens. In der Mystik bedeutet dies, uns unserem tiefsten Wesen zu offenbaren, damit wir uns dann mit anderen verbinden können.

Solange wir in der Illusion eines getrennten Ich verbleiben, treten wir in Gegensatz zum Leben. Leben heißt, in Beziehung zu stehen, einander zu berühren. Den Mut zu haben, einander zu berühren. Niemand kann ausgeschlossen sein. Alles ist das, was uns eint – die Liebe.

Sich der universellen Liebe öffnen

In meinen Kursen und Vorträgen leite ich Menschen oftmals durch geführte Meditationen an diesen Ort der Liebe, der hinter unserer Ich-Aktivität zu finden ist. Liebe ist immer schon da. Es gibt in diesem Universum nichts, das nicht aus der Liebe käme. In diese Liebe können wir alles hineingeben, was uns bedrückt, all unsere Probleme, unsere Konflikte, unser Leid. Es geht nicht darum, um etwas zu bitten, etwas zu erhoffen, sondern darum, sich dieser Liebe hinzugeben, mit allem, was wir sind und wie wir sind. So kann Veränderung geschehen – in der Annahme dessen, wie wir sind, geschieht die Veränderung und erwächst uns eine neue Einstellung.

Dieser universalen Liebe wollen wir uns nun öffnen. Setzen Sie sich aufrecht hin, legen Sie die Hände in Ihren Schoß oder auf die Knie. Schließen Sie die Augen oder richten Sie Ihren Blick, ohne etwas zu fixieren, vor sich auf den Boden. Alle spirituellen Wege beginnen im Körper. Spüren Sie ganz bewusst Ihren Körper, Ihre Füße auf dem Boden, Ihre Beine, das Becken. Lassen Sie Ihre Aufmerksamkeit an der Wirbelsäule nach oben steigen, spüren Sie Ihre Arme und Hände, lassen Sie Ihre Schultern sinken, und entspannen Sie dabei Hals und Nacken. Spüren Sie Ihr Gesicht, den Mund und die Augen, wandern Sie mit Ihrer Aufmerksamkeit über die Stirn zu Ihrem Scheitel.
Öffnen Sie sich mit allen Zellen und allen Poren. Spüren Sie den Raum um sich herum, lauschen Sie in die Stille, weiten Sie sich in die Unendlichkeit hinein. In dieser absoluten Offenheit begegnen wir dem, was wir Liebe nennen. Liebe, die keine Eingrenzung und keine Ausgrenzung kennt. Diese Liebe ist reine Präsenz, ohne Bilder, ohne Worte, ohne Konzepte. Öff-

nen Sie sich mit allen Zellen dieser Unendlichkeit. In dieser Offenheit sind Sie verbunden mit allen und allem. Nichts und niemand ist davon ausgeschlossen. In diese Unendlichkeit können Sie Ihr eigenes Leid und das Leid der ganzen Menschheit legen. Hier ist alles geborgen und umfangen von Liebe. Hier ist unsere Heimat, und hier liegt die Deutung unseres Lebens. Lassen Sie sich bis in alle Zellen hinein von dieser Liebe durchfluten. Spüren Sie, dass Sie eins sind mit allem, was ist. Atmen Sie voller Zuversicht Liebe ein und Liebe aus.
Wenn Sie diese Übung regelmäßig anwenden, wird es Ihnen immer leichter fallen, Liebe zu spüren. Denn Liebe ist immer da. Sie können sich ihr öffnen, ganz egal, wo Sie sind und was Sie gerade tun.

Hinweis: Auf der CD »Liebe – Urgrund allen Seins« ist eine angeleitete Liebesmeditation von Willigis Jäger zu hören

Die Kirche der Liebe

Sie lebt nicht als feste Form,
sondern nur im Einvernehmen der Menschen
untereinander.
Sie hat keine Mitglieder außer jenen,
die sich ihr zugehörig fühlen.
Sie hat keine Konkurrenz,
denn sie wetteifert nicht.
Sie hat keinen Ehrgeiz,
denn sie wünscht nur zu dienen.
Sie zieht keine Landesgrenzen,
denn das entbehrt der Liebe.
Sie kapselt sich nicht ab,
denn sie sucht alle Gruppen und Religionen
zu bereichern.
Sie achtet alle großen Lehrer aller Zeiten,
welche die Wahrheit der Liebe offenbarten.
Wer ihr angehört, übt die Wahrheit der Liebe
mit seinem ganzen Sein.
Wer dazugehört, weiß es.
Sie trachtet nicht, andere zu belehren;
sie trachtet nur zu sein und durch ihr Sein zu geben.
Sie lebt in der Erkenntnis, dass die ganze Erde ein
lebendes Wesen ist und wir ein Teil von ihr sind.
Sie weiß, dass die Zeit der letzten Umwandlung
gekommen ist; fort von der Ichhaftigkeit
aus freiem Willen zurück in die Einheit.

Sie macht sich nicht mit lauter Stimme bekannt,
sondern wirkt in den feinen Bereichen des Seins.
Sie verneigt sich vor allen,
die den Weg der Liebe aufleuchten ließen
und dafür ihr Leben gaben.
Sie lässt in ihren Reihen keine Rangfolge zu
und keinen starren Aufbau,
denn der eine ist nicht größer als der andere.
Sie verspricht keinen Lohn,
weder in diesem noch in jenem Leben,
nur Freude des Seins in Liebe.
Ihre Mitglieder erkennen einander an der Art
zu handeln, an der Art zu sein und an den Augen
und an keiner äußeren Geste
als der geschwisterlichen Umarmung.
Sie kennen weder Furcht noch Scham,
und ihr Zeugnis wird immer gültig sein,
in guten wie in schlechten Zeiten.
Die Kirche der Liebe hat kein Geheimnis,
kein Mysterium und keine Einweihung,
außer dem tiefen Wissen um die Macht der Liebe
und darum, dass die Welt sich ändern wird,
wenn wir Menschen dies wollen,
aber nur, indem zuerst wir selbst uns ändern.
Alle, die sich dazugehörig fühlen,
gehören dazu.
Sie gehören zur Kirche der Liebe.

Text der Katharer aus dem Jahr 1148

Liebe ist die Quintessenz meines Lebens

Am 7. März 2009 bin ich 84 Jahre alt geworden. Was ist die Quintessenz meines Lebens? Seit meiner Kindheit suchte ich den Urgrund hinter allen Worten, Formulierungen und theologischen Aussagen, jenen Urgrund, den wir als Christen Gott nennen. Mit sechs Jahren hob es mich zum ersten Mal aus der rationalen Einschränkung heraus. Damals wusste ich nicht, was mir geschah, aber diese Erfahrung schenkte mir die Gewissheit, dass hinter allen Worten eine absolute Liebe auf mich wartet. Ich war ein ganz normales Kind. Nicht umsonst hatte man mir den Spitznamen »f und f« – »frech und fromm« – gegeben. Mit meinen sechs Geschwistern verlebte ich eine wunderbare Kindheit. Aber die Sehnsucht nach diesem Urgrund, von dem ich so früh bereits eine Ahnung erhalten hatte, ließ mich nie mehr los. Selbst in der Pubertät verließ sie mich nicht. Ich war ein leidenschaftlich Suchender. Schon als Jugendlicher glich mein Gebet einem sich liebenden Öffnen in diesen göttlichen Urgrund hinein. Auch in meiner Zeit, die ich als Soldat im Krieg verbringen musste, verließ mich diese Sehnsucht nicht. Gott sei Dank musste ich nie einen Schuss abgeben. Diese Sehnsucht brachte mich dazu, nach dem Krieg ins Kloster einzutreten. Dort hoffte ich die Erfüllung meiner Sehnsucht zu finden. Wie alle meine Mitbrüder erhielt ich eine sechsjährige spirituelle, philosophische und theologische Ausbildung. Die Theologie brachte mir jedoch nicht die Erfüllung meiner Sehnsucht. Die Lektüre der Bücher von Friedrich Schleiermacher interessierte mich zu jener Zeit mehr als die theologischen Vorlesungen, ebenso Friedrich Nietzsche, dessen mystische Erfahrungen am Felsen von Surley mich tief beeindruckten. Bei Arthur Schopenhauer interessierte mich mehr seine mystische Erfahrung als seine pessimistischen Weltdeutungen. Eine Erfahrung beeindruckte mich besonders, und ich fand mich darin wieder: »Ich aber sage, in dieser zeitlichen, sinnlichen, verständlichen Welt gibt es wohl Persönlichkeit und Kausalität, ja sie sind sogar nothwendig. – Aber das bessre Bewusstseyn in mir erhebt mich in eine Welt, wo es weder Persönlichkeit noch Kausalität noch Subjekt und Objekt mehr giebt.« – Und er versucht dann die Welt so zu beschreiben, wie sie sich dem »besseren Bewusstsein« zeigt: »Er blickt nun ruhig und lächelnd zurück auf die Gaukelbilder dieser Welt, die einst auch sein Gemüt zu bewegen und zu peinigen vermochten, die aber jetzt so gleichgültig vor ihm stehen wie die Schachfiguren nach geendigtem Spiel oder wie am Morgen die abgeworfenen Maskenkleider, deren Gestalt uns in der Faschingsnacht neckte und beunruhigte. Das Leben und seine Gestalten schweben noch vor ihm wie eine flüchtige Erscheinung, wie dem Halberwachten ein leichter Morgentraum, durch den schon die Wirklichkeit durchschimmert und der nicht mehr täuschen kann.«

Immer suchte ich mit einer großen Leidenschaft die Unfassbarkeit des Göttlichen, das, was hinter allen theologischen Aussagen stand. Alles, was Theologie und Metaphysik zu bieten hatten, waren doch nur Hinweise auf einen mental nicht fassbaren Urgrund. Die zentrale Frage, die mich leitete, war immer: Was ist der Sinn dieser paar Jahrzehnte, die ich auf diesem unbedeutenden Staubkorn inmitten dieses grenzenlosen Weltalls herumlaufe? Solange der Mensch auf diese Frage keine Antwort gefunden hat, philosophieren und theologisieren wir in einem hypothetischen Raum.

Erst eine Erfahrung im transpersonalen Bewusstseinsraum gab mir darauf eine zufriedenstellende Antwort: Hier und jetzt, in dieser zeitlichen Begrenzung, bin ich ein einmaliger, einzigartiger, unverwechselbarer Ausdruck dieses Urgrundes, den ich als Liebe erfahren habe und erfahre. Dieser Urgrund, dem wir Namen wie »Gottheit«, »Leerheit« oder »Brahman« gegeben haben, feiert sich selbst, zelebriert sich selbst als diese Form, die ich bin. Darin allein finde ich die Bedeutung meines Hierseins. Und darum sage ich ein absolutes Ja zu dieser meiner Lebenszeit und bin fest davon überzeugt, dass das Leben weitergeht. In welcher Existenzform, das weiß ich nicht.

Mein Entschluss, ins Kloster zu gehen, war alles andere als eine Flucht vor der Welt, sondern vielmehr die radikalste Form einer leidenschaftlichen Liebe. Diese Liebe schließt alle und alles ein und birgt die ganze Welt in ihrem Wohlwollen. Ich stieß während meines Studiums in der Bibliothek auf die Schriften von Teresa von Avila, Johannes vom Kreuz und auf die Schrift eines englischen Mystikers, dessen Namen wir nicht kennen, der uns aber »Die Wolke des Nichtwissens« und »Der Weg des Schweigens« hinterlassen hat. Der Verfasser rät, den Geist auf ein Leitwort oder einen Fokus auszurichten: Gott oder Liebe. Es gilt, dieses Wort als Speer und Fokus zu benützen, um in tiefere Schichten der Seele zu gelangen. Das Nachdenken über Gott rät er einzustellen und Verstand, Gedächtnis und Gefühle unter der Wolke des Vergessens zu begraben. An diesem Leitwort sammelt sich das Bewusstsein, und es wirkt wie ein Kompass, der im Dunkeln die Richtung einhält. Auch der Mystiker Johannes vom Kreuz wurde zu einem wichtigen Lehrmeister, der alles Bildhafte und alle intellektuellen Vorstellungen von Gott hinter sich lässt. Das Wort »Gott«, das ich als Fokus dem »Weg des Schweigens« entnommen habe, verband sich in mir ganz selbstverständlich mit dem Atem.

Ich ging diesen Weg einige Jahre und kam plötzlich zu einer tiefen Erfahrung, die wir im Westen mystische Erfahrung nennen. Sie führte mich über den Begriff »Gott« hinaus. Diese Erfahrung unterschied sich in keiner Weise von dem, was ich später auch auf dem Zen-Weg erfahren sollte und was mein Meister Yamada Ko-un Roshi als Kensho bestätigt hat. Es gibt eine allgemein-menschliche Ebene, unabhängig von Herkunft, Geschlecht und Konfession. Es ist die Ebene, die in allen spirituellen Erfahrungen in die transpersonale Non-Dualität des Seins mündet und im Zen als Leere bezeichnet wird. Zen hat den übrigen spirituellen Wegen nur eines voraus: Es ist radikal und absolut. Die Tiefe der Erfahrung bleibt jedoch in jedem Menschen, der in diese durchbricht, die gleiche, wie Teresa von Avila in der »Siebten Wohnung« ihrer Lebensbeschreibung zeigt: »Es ist, wie wenn Wasser vom Himmel in einen Fluss oder eine Quelle fällt, wo alles nichts als Wasser ist, sodass man weder teilen noch sondern kann, was nun das Wasser des Flusses ist und was das Wasser, das vom Himmel gefallen.«

Zwei Jahrzehnte führte ich nach meiner Priesterweihe ein sehr aktives, pastorales Leben. Ich arbeitete sieben Jahre lang als Lehrer im Gymnasium und als Betreuer der Jugendlichen im Internat. Danach arbeitete ich bei Missio und Misereor in der Entwicklungshilfe und war vier Jahre lang in der Zentrale der Katholischen Jugend in Düsseldorf tätig. Ich spürte, wie ich bei all meiner Aktivität innerlich immer leerer wurde, und so begann ich wieder den oben beschriebenen Weg zu gehen. Erst als ich mich trotz der pastoralen Tätigkeit, die viel Zeit in Anspruch nahm, jeden Morgen von sechs bis halb acht Uhr der kontemplativen Übung hingab, kehrten die Erfahrungen zurück. Langsam stellte sich wieder das ein, was im Buddhismus Samadhi genannt wird oder was Teresa von Avila Gebet der Ruhe nennt. Es ist die Erfahrung eines bleibenden Urgrunds, der in allen Entscheidungen eine tragende Rolle spielt.

1971 besuchte ich ein Zen-Seminar von Pater E. Lassalle, das in meinem Heimatkloster Münsterschwarzach abgehalten wurde. Ich kam zum ersten Mal mit Zen in Kontakt, und mir war sofort klar: Das ist mein Weg, den ich zu gehen habe. Er wird mich zurück in meine eigene Tiefe führen und damit zum göttlichen Urgrund allen Seins.

Ich begann nun wieder regelmäßig zu sitzen und spürte bald, dass ich auf der rechten Spur war. Zwei Sesshins mit Brigitte D'Ortschy Roshi lehrten mich, dass mir nur große Entschlossenheit und letzte Konsequenz zu einem neuen Durchbruch verhelfen konnten. Als mir daher meine Gemeinschaft eine Gelegenheit bot, in eine Kloster-Neugründung nach Japan zu gehen, sah ich darin eine Fügung Gottes und stieg auf dem Höhepunkt meiner Tätigkeit, unter dem Kopfschütteln vieler meiner Freunde, aus meiner Tätigkeit bei Missio aus, um in einer neu gegründeten benediktinischen Gemeinschaft in Kamakura zu leben und bei Yamada Kôun Roshi, den ich schon 1971 in München kennengelernt hatte, Zen zu praktizieren. Zufall oder Fügung, das Kloster sollte in der gleichen Stadt gegründet werden, in der Yamada Ko-un Roshi sein Zentrum hatte.

Drei Jahre übte ich mit »Mu«, wie es die Zenpraxis vorschreibt. Diese Übung unterschied sich kaum von meiner früheren Übung mit dem Wort »Gott«. Aber diesmal hatte ich einen erfahrenen Führer, der mich vor manchen Umwegen bewahrte. Langsam kehrten meine früheren Tiefenerfahrungen zurück. Ich fühlte den Fortschritt mit jedem Sesshin. Es war wie das zögernde, allmähliche Aufgehen einer Blüte, bis ich eines Nachts nach einem Sesshin aufwachte und die letzten Blütenblätter, wie von innerer Gewalt getrieben, aufsprangen. Da war nur Leere, das »nada, nada, nada ...« eines Johannes vom Kreuz. Aus der Leere sprang der Augenblick: Nur dieser Atemzug und beim Aufstehen nur dieser Schritt. Yamada Roshi erkannte diese Erfahrungen als Kensho an.

Als ich mich nach einigen Tagen hinsetzte, um zu artikulieren, was ich erfahren hatte, schrieb ich einige Worte nieder: Liebe, Leere, Fülle, Einheit, Glück. Als ich diese Worte später noch einmal las, war ich betroffen. Wenn mich irgendjemand gefragt hätte, was verstehst du unter »Gott«, hätte ich ihm in westlicher Terminologie geantwortet und gesagt: »Was wir Gott nennen, ist die absolute Leere, die sich als absolute Liebe, Fülle, Einheit, Glückseligkeit zeigt.« Das war es, was ich erfahren hatte.

Sechs bis acht Stunden übte ich täglich Zazen, zwei Stunden arbeitete ich auf dem Tempelgelände, einige Stunden schrieb ich an einem Buch. Ich verbrachte auch sechs Monate in einer Einsiedelei. Meine Weltsicht und mein christliches Selbstverständnis hatten sich verändert. Ich erlebte mich als absolut verfügbar für den Urgrund des göttlichen Seins, dem ich jetzt lieber den Namen »Leere« und »nada« gab. Ich war frei von allen Ideen über diesen Urgrund. In der absoluten Ruhe, in Samadhi, zu verweilen, erschien mir nicht als Luxus und Zeitvergeudung, sondern als verwandelnde Kraft, die allen Menschen dient. Bewusstes Gehen brachte mich ins Hier und Jetzt und in die Gewissheit, dass der Sinn des Lebens nur im Augenblick zu finden ist.

Was ist nun die eine Ebene unseres Menschseins? Ich konnte mit Johannes vom Kreuz antworten: »Das ist das Entflammende solchen Wachwerdens, durch Gott diese Geschöpfe zu erkennen und nicht durch die Geschöpfe Gott. Das heißt, die Wirkungen aus ihrem Urgrund erkennen und nicht den Urgrund aus den Wirkungen. Denn diese Erkenntnis ist eine abgeleitete, jene aber ist wesentlich.«

Übersetzt in die Sprache des Zen würde das heißen: »Durch die Leere die Formen erkennen und nicht durch die Formen die Leere.« An einer anderen Stelle sagt Johannes: »Da sich die Seele in diesem Zustand mit Gott vereinigt und fühlt, wie alle Dinge Gott sind.« Alle Dinge sind

Leerheit und Form. Auf dieser Ebene sind wir als Menschen immer, aber unser Ich verdeckt sie vor uns. Ich war überrascht, wie sehr die Sprache eines Johannes vom Kreuz und die Sprache von Meister Eckhart die gleichen Erfahrungen zum Ausdruck bringen wie Zen. Meister Eckhart sagt: »Wenn ich in den Grund, in den Boden, in den Strom und in die Quelle der Gottheit komme, so fragt mich niemand, woher ich komme oder wo ich gewesen sei. Dort hat mich niemand vermisst, dort entwird ›Gott‹.« Aber weil der Verstand das nicht begreift, fährt Meister Eckhart fort: »Wer diese Predigt verstanden hat, dem vergönne ich sie wohl. Wäre hier niemand gewesen, ich hätte sie diesem Opferstocke predigen müssen.« Und diese Erkenntnis brachte mich zurück ins Leben und in die Kurstätigkeit.

Die Liebe, die niemand und nichts ausklammern kann, ist die treibende Kraft auf dem Weg, der notgedrungen auch durch Zweifel und Leid führen muss, bis wir endlich angekommen sind. Die »Dunkle Nacht«, von der Johannes vom Kreuz berichtet, ist eine notwendige Krisenerfahrung, die alle Sicherheit und Selbsttäuschung nimmt, leer macht und für die absolute Hingabe und Liebe öffnet. Im Chaos findet sich die ordnende Kraft für das Neue. Die Lotosblume wächst aus dem Schlamm. Beides lässt sich nicht trennen. Oft ist es das Leid, aus dem das Neue entsteht.

Ich lernte auf diesem Weg auch, mit meinen Emotionen umzugehen. Die Wut, die uns wie ein Orkan besitzen will, wird dabei nicht unterdrückt, sondern einfach wahrgenommen und erfahren als »meine Wut«, die mit dem Auslöser nichts zu tun hat. Die Wut bekommt dann eine andere Qualität, und wir können ihre wirklichen Ursachen erkennen, ohne dass wir von ihr überwältigt werden. Ähnliches gilt für die Annahme des Leides, das sich nicht abwenden lässt. Wenn es uns gelingt, Leidvolles anzunehmen, verwandelt es sich schließlich in Gelassenheit und Weisheit.

Ich übte mich darin, in schwierigen Situationen immer wieder zu meinem Atem zurückzukehren. Wenn ich in der Arbeit unter Druck stand, habe ich mir stets ein paar Minuten der Ruhe und Entspannung gegönnt. Dies ist kein Zeitverlust, vielmehr ist es ein Kräftesammeln für die bevorstehende Arbeit.

Eine Nahtoderfahrung gab meinem Leben noch einen ganz entscheidenden Akzent. Ich hatte ein Medikament nicht vertragen, woraufhin mein Herz für einige Zeit aussetzte. Unvermittelt befand ich mich auf einer neuen Erfahrungsebene. Hier gab es kein Ich mehr, nur noch Liebe, absolutes Angenommensein und Einheit. Als mein Ich zurückkehrte, wollte ich unbedingt zurück in diese liebende Einheit und war bereit zu sterben. Doch da wurde mir von einem liebenden, wohlwollenden und heiteren Gegenüber verdeutlicht: ›Wollen kannst du nicht. Du musst warten, bis du gerufen wirst.‹ Zwei Tage lang blieb ich in dieser rational nicht begreifbaren Einheit und Liebe. Seitdem ist die Angst vor dem Tod verschwunden. Wie es nach dem Tod wirklich weitergehen wird, wurde mir nicht gesagt. Aber eines wurde mir klar: Das Leben endet nie. In dieser Gewissheit schrieb ich das Buch »Das Leben endet nie« und besprach das Hörbuch »Es gibt keinen Tod«.

Zurück blieb nach dieser Erfahrung die Gewissheit: Wenn ich sterbe, kehre ich zurück in diese unendliche Liebe, ohne jede Ich-Eingrenzung. Und diese Liebe ist der Urgrund allen Seins. Unser Ich mit all seinen Verkrustungen und egoistischen Prägungen verdeckt es nur ständig. Mir wurde klar, dass wir als Menschen nicht weiterkommen, wenn es uns nicht gelingt, in diese Erfahrungsebene der bedingungslosen Liebe hineinzuwachsen.

Wir erreichen diese Erfahrung nicht durch Wollen und Machen, sondern nur durch das Einlassen in unser immer gegenwärtiges wahres Wesen, das gleichbedeutend ist mit Liebe. Es feiert sich selbst als das, was wir sind. Es wird von uns letztlich nicht mehr verlangt als ein Ja zum Augenblick dieses Lebens, das wir leben.

Diese Erfahrung bedeutet auch ein Ja zum Körper. Er wurde in der christlichen Askese oft gedemütigt und verachtet. Das eigentliche Leben wurde auf eine Existenz nach unserem Tod verlegt. Aber dieser Urgrund Liebe feiert sich als das, was wir in diesem Augenblick sind. Mit dieser Erfahrung bekommen diese paar Lebensjahrzehnte ihren eigentlichen Sinn. Jeder Augenblick ist eine Manifestation, ein Ritual, als das sich dieser rational nicht greifbare Urgrund selbst feiert.

Das Alter bietet uns die letzte Möglichkeit für unseren menschlichen Reifungsprozess. Es ist die letzte Etappe und daher eine entscheidende Lebensphase, ein Angebot, noch einmal zu wachsen, zu reifen und alles in Liebe zu umarmen. Wir sind immer noch im Werden, es gilt, unsere Geburt zu vollenden. Diese Zeit ist vor allem ein Weg nach innen. Die Rolle, die ich als Mensch gespielt habe – als Lehrer, Priester, Referent, Buchautor, Zenmeister –, relativiert sich. Bald werde ich als die Spielfigur des grandiosen Spielers »Gott« vom Brett genommen. Das Leben endet nie. Ich lasse los und glaube an die Verheißung Jesu, dass es im Hause des Vaters viele Wohnungen gibt. Ob ich von dieser personalen Struktur etwas mitnehmen kann, weiß ich nicht. Es ist auch nicht wichtig. In diesem Universum gibt es Milliarden von Möglichkeiten zu existieren. Und sicher gibt es auch Milliarden von Möglichkeiten der Verwandlung. Niemand kann sich zunächst vorstellen, dass aus einer unansehnlichen Puppe ein prächtiger Schmetterling wird. Warum sollte eine Auferstehung nicht etwas ganz Neues bringen? Das Leben endet nie.

Die Liebe ist die Quintessenz meines Lebens, auf das ich voller Dankbarkeit zurückblicke. Aber es ist nicht die Liebe eines »Ich liebe dich« und »Du liebst mich«. Es ist die Liebe, die auch den Mörder und Verbrecher nicht ausschließen kann. Wonne, Zärtlichkeit und Wohlgefühl sind nur Widerfährnisse, die auf eine viel umfassendere Erfahrungsebene verweisen. Diese Ebene ist wie der Ozean, in den ich immer wieder zurückkehren kann. Hier weiß ich mich zuhause, auch wenn mich als Welle Probleme, Zweifel, Ärger und Angst befallen wollen. Er ist mein Zufluchtsort und Ausgangspunkt. Ich brauche ihn nicht zu suchen, ich schaue einfach nach innen. In diesem Urgrund bin ich immer daheim. Dort verlassen mich Angst und Zweifel. Es ist der Platz, den Meister Eckhart so wunderbar beschrieben hat. Ich möchte ihn daher zum Abschluss noch einmal zitieren: »Wenn ich in den Grund, in den Boden, in den Strom und in die Quelle der Gottheit komme, so fragt mich niemand, woher ich komme oder wo ich gewesen sei. Dort hat mich niemand vermisst, dort entwird ›Gott‹.« Von da aus bekommt das Leben seinen letzten Sinn.

Was wir am Ende unseres Lebens
in Händen halten,
sind nicht unsere Leistungen und unsere Werke.
Wir werden uns zuerst und vor allem
der Frage stellen müssen,
wie viel wir geliebt haben.

Willigis Jäger

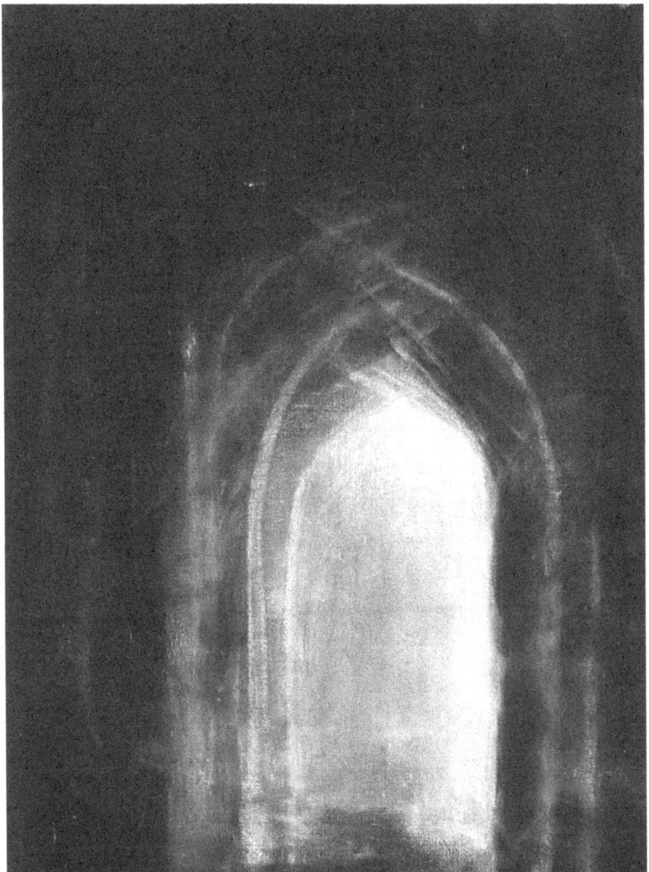

Bilder für die Liebe

In der Stille der Liebe begegnen … In jeder Zelle eine Ahnung, die sichtbar werden möchte.

Die Liebe zu malen, ist nicht möglich. Es kann nur eine Facette sein, die in diesem Moment – jetzt – in einer Bewegung von Innen nach Außen ihren Ausdruck auf dem Malgrund findet. Vorstellungen, wie das Bild zu sein hat, sind bedeutungslos. Die zunächst feine innere Bewegung mündet in eine äußere, in ein Hineinsterben in die Liebe. Es ist der Moment, in dem die eine Welt in die andere fällt und die Illusion der Trennung verschwindet. Die Symbolik von Tor, Schwelle und auch der sich auflösenden menschlichen Gestalt verdeutlichen diesen Übergang.

Die Arbeiten, die für die Liebe entstanden sind – sie sind alle auch für den Tod, wie mir nach einigen Tagen, beim nochmaligen Betrachten der Bilder, tief bewusst wurde.

Die Liebe und der Tod sind von derselben Qualität: eine Kraft, die uns transformiert, die keine überflüssigen Schnörkel zulässt, jedes Versteckspiel entlarvt und uns demaskiert.

So war auch die ursprünglich schwierige Herausforderung, für die Liebe ausschließlich in Schwarz-Weiß zu arbeiten, die Reduktion auf das Wesentliche nicht nur der Form, sondern die Reduktion auch der Farbe auf die in der Malerei sogenannten Nicht-Farben, ein kostbarer Weg in eine tiefe Erfahrung.

Petra Wagner

Weiterführende Literatur

Hüther, Gerald: Die Evolution der Liebe. Sammlung Vandenhoeck & Rupprecht, Göttingen 1999

Jäger, Willigis und Beatrice Grimm (Hrsg.): Die Flöte des Unendlichen – Mystische Rezitationstexte aus Ost und West, Wege der Mystik, Holzkirchen 2009

Jäger, Willigis und Beatrice Grimm: Der Himmel in dir. Kösel-Verlag, München 2000

Jäger, Willigis: CD Liebe – Urgrund allen Seins. Wege der Mystik, Holzkirchen 2007

Kornfield, Jack: Das weise Herz. Goldmann Verlag, München 2008

Kreis, Hans: Wahre Liebe leben. Wie Sie gemeinsam glücklich werden, Droemer/Knaur, München 2008

Meister Eckhart: Deutsche Predigten und Traktate, hrsg. von Josef Quint, Diogenes Verlag, Zürich 1978

Schopenhauer, Arthur: Gesammelte Werke in 5 Bänden. Suhrkamp Verlag, Frankfurt 2005

Schubart, Walter: Religion und Eros, Beck'sche Reihe, Verlag C.H. Beck, München 2001

Yamada Kôun Roshi: Mumonkan – Die torlose Schranke, Kösel-Verlag, München 2004

Quellenverzeichnis

S. 8: © Kath. Bibelwerk, Stuttgart

S. 24: Al-Halladsch, in: »O Leute, rettet mich vor Gott«, Herder spektrum Bd. 4454, S. 23. Hrsg., übersetzt und eingeleitet von Annemarie Schimmel. © Verlag Herder, Freiburg i.Br. 1995

S. 32: © Thomas Schied, Bruchweiler-Bärenbach

S. 40: Rose Ausländer, in: Im Ascheregen die Spur deines Namens. Gedichte und Prosa 1976. © S. Fischer Verlag GmbH, Frankfurt/Main 1984

S. 70: zit. n. Rumi, Die Flöte des Unendlichen, in: Willigis Jäger und Beatrice Grimm: Wege der Mystik, Holzkirchen 2009

S. 76: Übersetzung nach der Lutherbibel

S. 112: Kabir, in: Im Garten der Gottesliebe. © Werner Kristkeitz-Verlag, Heidelberg 2005, S. 64

Biografien

Der Autor

Willigis Jäger, Benediktiner und Zen-Meister, war sowohl von der christlichen Mystik als auch dem östlichen Zen inspiriert. Seine Vision einer integralen Spiritualität vereinte den großen Erfahrungsschatz der östlichen und westlichen Weisheit in sich und bezog zugleich neueste Erkenntnisse der Wissenschaften ein.

Er war Gründer des Benediktushofes in Holzkirchen, einem Zentrum für spirituelle Wege, wo er lebte und arbeitete, und Mitbegründer des Meditationshauses Sonnenhof im Schwarzwald. Er gründete die Würzburger Schule für Kontemplation, die West-östliche Weisheit – Willigis Jäger Stiftung sowie die Zen-Linie Willigis Jäger. In seinen Kursen, Vorträgen und zahlreichen Publikationen wies er Wege in eine tiefe spirituelle Erfahrung, die Quelle ist für eine echte Erneuerung auf allen menschlichen und gesellschaftlichen Ebenen.

Kontakt: Benediktushof – Zentrum für spirituelle Wege
Klosterstraße 10
97292 Holzkirchen
Homepage: www.benediktushof-holzkirchen.de

Die Herausgeberinnen

Ursula Richard, Lektorin, Übersetzerin und Herausgeberin, ist Gründerin der Literaturmanufaktur, einer Autoren- und Verlagsagentur für Spiritualität und Lebenskunst in Berlin. Autorin des Buches *Die drei Pfeiler des Glücks* (2010).

Kontakt: www.literaturmanufaktur.de
www.ursula-richard.de

Christa Spannbauer (M.A. phil.) war langjährige Assistentin von Willigis Jäger und Öffentlichkeitsbeauftragte des Benediktushofes. Seit 2009 organisiert die freie Journalistin internationale wissenschaftliche Symposien mit namhaften Referenten aus Philosophie, Theologie und Naturwissenschaft. Autorin des Buches *Im Haus der Weisheit* (Kösel-Verlag 2008).

Kontakt: www.spuren-der-weisheit.de

Die Malerin

Petra Wagner, Künstlerin und Kontemplationslehrerin. Ausbildung im Sakralen Tanz und Körpergebet. Seit mehr als 20 Jahren als Malerin tätig, mit regelmäßigen Ausstellungen seit 1993.

Kontakt: petra@lafamillewagner.de